I0485452

Pierluigi Tamanini

# IL TUO FUTURO È NELLA MAILING LIST

Come creare gratis una newsletter per autori indipendenti e costruirsi una carriera nel mondo del self-publishing... e vivere di rendita con le royalty di Amazon!

*Smashwords edition*

Copyright 2015 Pierluigi Tamanini

*www.pierluigitamanini.com*

**Tutti i diritti riservati.**

# IL TUO REGALO GRATUITO

Per ringraziarti dell'acquisto, se me lo permetti **vorrei regalarti il mio**

**ebook**

su *come intraprendere la carriera di scrittore* indipendente.

Sarà sufficiente **CLICCARE ADESSO sul seguente link**:

http://www.pierluigitamanini.com/regalo-come-pubblicare-su-

amazon

# PREMESSA

Ciò che ti sto per svelare in questo ebook, *oh collega scrittore*, non riguarda solo il sito web, la newsletter o come strutturare al meglio i link all'interno del tuo libro, si tratta dell'**intero sistema** che ti permetterà di "raccogliere iscritti" rapidamente e gratuitamente.
A fine libro ti mostrerò cosa devi fare – passo per passo – per iniziare a collezionare e-mail che ti saranno indispensabili per il tuo business di autore indipendente.
E forse dirai: "Era così semplice! Perché non ci ho pensato io?"

Ma **prima è meglio approfondire** ogni argomento e capire il perché delle cose...

*Sai qual è la migliore tecnica per qualsiasi tipo di business oggigiorno?*
"Scopriamolo assieme!"

Le statistiche riportano che, nel mondo, almeno metà degli scrittori indipendenti guadagnano meno di 1000 dollari all'anno con le loro pubblicazioni.
Be', in Italia questa cifra diminuisce drasticamente. Anch'io – in passato – facevo parte di quella metà e, a dirla tutta, il primo anno di "attività" su Amazon, non ho guadagnato neanche 100€.
In poche parole, chi davvero vive di self-publishing nella nostra penisola rappresenta una percentuale ridicola.

Allora perché incaponirsi a scrivere?
*Perché non ne possiamo fare a meno.*
Ok, ma non è solo questo...

Senza scrittura vedrei la mia vita vuota. Se non c'è creazione, non c'è nemmeno soddisfazione.

E non "parlo" solo di romanzi: mi riferisco ai libri in generale. <u>Scrivere e-book</u> sta diventando per me **una vita parallela piena di soddisfazioni.**

A volte mi chiedo cosa ci sia di più bello di scrivere riguardo a un argomento che ci appassiona e far leggere ciò che abbiamo scritto a persone interessate. Intrattenerle, illuminarle, spingerle ad agire, farle sognare, aiutarle, risolvere i loro problemi, renderle felici.

È decisamente una **strategia win-win**: a me piace scrivere, a loro leggere ciò che scrivo.

*Ma come trovare la "gente giusta"?*
La gente davvero interessata a ciò che scrivo, che ami il mio stile di scrittura, la mia visione del mondo...

Ecco che entra in gioco la **mailing list**.

Cosa intendo, innanzitutto, per *mailing list*?
Intendo **una lista di e-mail appartenenti a persone interessate a ciò che scrivo**.
Lo so, il termine tecnico "Mailing List" significa *servizio o strumento col quale un amministratore manda una stessa mail a più persone.*

Per mia comodità (e per sfizio personale) in questo ebook con il termine "mailing list" intenderò sia il servizio che la lista vera e propria. Anziché dire "lista di mail" o "lista di distribuzione" o "lista di corrispondenza" che suonano davvero male, userò sempre la coppia magica di parole *mailing list*.

Da quando ho iniziato a studiare un modo per vendere più libri, c'è una cosa che ho trovato ripetuta dappertutto: *il denaro è nella lista.*

Di più: **l'intero tuo business è nella tua lista.**
E più avanti vedremo perché.

Tornando alle statistiche... come passare dalla metà degli scrittori indie che non guadagna alla *metà che guadagna*?
E soprattutto, c'è un modo per iniziare a guadagnare davvero un *buon soldo*, **vendere i propri libri, farsi conoscere, creare un branding**, ottenere ottime recensioni, diventare un nome dell'industria letteraria?

Fare soldi dai tuoi scritti non è impossibile e nemmeno improbabile come pensi: anzi, se segui i consigli presenti in questo e in altri miei ebook, ci sono buone possibilità di **diventare presto un nome** in Amazon.

Quindi*... come guadagnarsi da vivere con le proprie pubblicazioni?*

Torniamo un po' indietro.
La ragione per cui alcuni hanno successo e molti invece falliscono sembrerebbe questa: i primi hanno scritto **un libro di valore** e gli altri no.
Purtroppo non è così.

**Scrivere un libro di valore è solo l'inizio.** Se non hai idea di dove iniziare a pensare e scrivere un libro, ti consiglio di leggere la mia guida "Come pubblicare su Amazon" che trovi a questo link:
http://www.amazon.it/Come-pubblicare-Amazon-finalmente-Indipendenti-ebook/dp/B014JJ1PD8

Dando per scontato che tu abbia **già scritto un libro di valore**, ovvero un libro che sappia intrattenere il lettore e/o che sappia rendergli la vita migliore, mi soffermerò su altri aspetti successivi alla scrittura.

Qui entra in gioco il secondo punto (occhio, esiste anche un terzo punto...) che differenzia chi guadagna con i proprio libri e chi non riesce a farlo: i primi hanno un modo per **rendere il loro libro**

**interessante agli occhi del pubblico** che decide di leggerlo, i secondi no.

Ci sono un sacco di modi per far arrivare il tuo libro agli occhi del lettore.
Se hai letto altri miei ebook sai cosa intendo: keywords, categorie, nicchie di mercato...
Ma una volta che il lettore lo scopre, trovandolo per caso in mezzo a migliaia di altri libri dello stesso genere, cosa lo rende interessante?

Ad esempio:
@ ha un buon titolo che attira l'attenzione?
@ ha un sottotitolo esplicativo che mostra dei benefici?
@ ha una descrizione ipnotica e persuasiva?
@ ha una cover che attrae e convince?
@ ha già delle recensioni utili e positive?
@ ha un prezzo onesto?

**Chi ha successo è perché ha investito – e continua a farlo – tempo e denaro per migliorare la propria capacità di sviluppare il marketing** e trovare i canali di vendita migliori.

Per *canale di marketing* intendo qualsiasi luogo che ti permetta di promuovere un messaggio per il tuo target di mercato: podcast, radio, televisione, pubblicità sulle riviste, un proprio blog e/o sito, guest post, social network, manifesti, sponsor...
Ognuno di questi luoghi più o meno virtuali può essere utilizzato per pubblicizzare un prodotto, anche se mi sentirei di valorizzare maggiormente **i podcast, il proprio blog, il guest post sui blog dei "competitor" e i social network**.

Nonostante in Italia il mercato di ebook debba ancora esplodere, **posizionare il prodotto giusto di fronte al pubblico giusto** è una garanzia di successo.

L'industria (lo so che è un brutto termine...) del libro digitale a livello italiano vale milioni di euro, quindi se si trova il **metodo giusto**, non si può fallire.

Una volta compreso cosa sia il "canale di marketing", passiamo al "canale di vendita".
Il *canale di vendita* permette di trasformare i "frutti" della pubblicità in un guadagno monetario: io personalmente preferisco vendere i miei libri su Amazon e altri retailer.

Questa è l'opzione più semplice per un autore emergente, in quanto permette di sfruttare il traffico di Amazon in cambio di un 30% di commissione sui guadagni per i libri nella fascia di prezzo 2,99 – 9,99€.

Se tu intendi vendere i tuoi ebook direttamente dal tuo sito ti avverto che sarai obbligato ad aprire una partita IVA, con tutto ciò che ne consegue.

Riassumendo: **i canali di marketing creano la domanda e i canali di vendita la raccolgono.**
Potrà sembrarti un discorso inutile e fin troppo scontato, ma più cresco e più capisco che la chiarezza sta nella semplicità.

Se ti chiedessi *"Come puoi vendere il tuo libro?"*, cosa mi risponderesti?

**Se la risposta è semplicemente "Amazon", ti stai perdendo metà dell'equazione.**
Ciò che voglio dire è che non è sufficiente piazzare un ottimo libro su Amazon e aspettare che la gente lo noti, lo compri e lo recensisca. E magari lo consigli ai suoi conoscenti.

Esistono eccezioni, ma **accontentarsi di caricare ebook su Amazon e aspettare** è una strategia lenta e poco efficace. Questo perché

Amazon è, appunto, un canale di vendita e non un canale di marketing.

Potresti obbiettare che su Amazon.com è stata introdotta la pubblicità per i libri in lingua inglese (la sto testando con il mio romanzo tradotto "Resurrection"), ma è comunque tutto da vedere se arriverà anche in Italia e se avrà un prezzo concorrenziale.
Quindi – per ora – dimentichiamocene.

Aspettare passivamente che qualcuno di accorga del tuo ottimo (?) libro, non va bene. Non è sufficiente.
In pratica, mettere un ebook in una categoria di Amazon **ti permette di "raccogliere la domanda", ma non di crearla**.

Abbiamo parlato di due aspetti (**valore del libro in termini di contenuti e libro interessante agli occhi del potenziale lettore**) imprescindibili per il tuo successo.
Ma non può mancare il terzo e importantissimo aspetto che lancerà il tuo business su di un altro livello: la "lista di mail"!

## Il tuo futuro è nella mailing list.

Hai mai sentito parlare di "**lancio di un libro**"?
Ora immagina di avere una mailing list di 10.000 fedeli lettori che ti seguono e che ti stimano.
Ipotizziamo che tu abbia scritto un breve ebook e lo voglia vendere a un prezzo abbordabile, diciamo 2,99€.
Senza mailing list dovresti cominciare a pensare a come pubblicizzarti e mettere in conto di spendere almeno qualche centinaio di euro in pubblicità (oppure aspettare passivamente che qualcuno lo compri...).

**Ma abbiamo ipotizzato che tu abbia una solida mailing list che ti sei creato negli ultimi due o tre anni.**
Quindi... *che fai?*

Scrivi una mail – ti bastano poche righe – in cui inserisci il link del nuovo libro su Amazon in vendita a 2,99€.

Diciamo che questa mail venga letta dal 40% dei tuoi iscritti e soltanto un quarto di loro clicchi sul link e compri il libro.

Avrai venduto in poche ore e senza il minimo sforzo, 1000 copie, ovvero il 10% dei 10.000 iscritti alla tua newsletter avrà acquistato il libro.

Amazon paga il 70% del prezzo di copertina, quindi circa 2€ a ebook venduto a 2,99€.

Questo significa che, **grazie a una sola mail, avrai guadagnato ben 2.000€.**

Lo so, sembra impossibile. Ma i dati che ho usato sono realistici. Si potrebbe dire che... "è tutto vero!" ^\_\_^

L'**effetto collaterale (positivo!)** da non sottovalutare, è che tante vendite in così poco tempo porteranno il tuo libro **in cima alle classifiche dei bestseller** e questo darà grande e duratura visibilità al tuo libro, se sarà effettivamente di valore.

Una volta arrivato ai primi posti di una categoria, avrai delle entrate fisse giornaliere, dei redditi passivi che ti supporteranno mentre scriverai il libro successivo.

Ipotizziamo che il tuo ebook da 2,99€ venda anche solo 5 copie al giorno, ovvero 10€ di entrate giornaliere, alla fine di ogni mese avrai altri 300€ in saccoccia.

Se scrivi e pubblichi brevi ebook ogni 2 o 3 mesi e li vendi a 2,99€, puoi anche smettere di lavorare! ^\_\_^

*Un altro effetto collaterale?*
**Più vendi libri, più fai crescere la tua mailing list con nuovi iscritti!**

Quindi l'esempio – dopo ogni nuovo ebook pubblicato – dovrai farlo con 12.000 iscritti, poi con 15.000 iscritti, poi con 20.000...

Detto questo non ci resta che capire **come crearsi una mailing list in maniera veloce e, possibilmente, gratuita**.

*Sei convinto del valore della mailing list o hai ancora qualche dubbio?*

Molti sono convinti che i social network come Twitter e Facebook funzionino altrettanto bene.
La verità è che soltanto una piccola percentuale di persone è sui social per comprare.

Ci sono varie statistiche a riguardo.
Se prima abbiamo ipotizzato che il 10% dei tuoi iscritti avrebbe comprato il libro, non aspettarti che se scrivi un post sulla tua pagina **Facebook** tu possa portare anche solo l'1% di chi segue la tua pagina a comprare il tuo libro su Amazon.
**Twitter**, stando sempre alle statistiche, pare funzioni un pochino meglio, ma in Italia è decisamente poco frequentato rispetto a Facebook.

Non ci sono dubbi: **l'email è il modo più veloce, economico e potente per entrare in contatto con i tuoi lettori**.
Nessun altro servizio è così *personale* quanto un'email: se sai <u>scrivere con onestà</u>, venderai più libri tramite email che in nessun altro modo.

Non ti fidi di quanto dico? Fai bene! ;-)

Ecco cosa dice il signor Grahl, uno dei più grandi esperti mondiali di self-publishing:

> **"Your #1 goal in building out your website, and in everything you do to market your books online, is to grow your email list."**
> *Tim Grahl*

In altre parole, qualunque cosa tu faccia "attorno" al tuo libro deve avere lo scopo di far crescere la tua mailing list.

Ecco la prova del nove, il *case study*, la **storia personale** (sempre che ti fidi di me...)!

*La mia mailing list non arriva nemmeno a 1.000 iscritti, eppure ogni volta che lancio un nuovo libro ho sempre delle recensioni utili e sincere e, durante la promozione gratuita del programma KDP, centinaia di download.*

Se vogliamo scriverlo in modo ancora più chiaro ecco come suona: **più persone hai nella lista, più il tuo business di "authorpreneur" avrà successo**.

Pensa alla costruzione di una mailing list, come a un **investimento** per il futuro. Se li tratterai bene con promozioni gratuite, contenuto utile, qualche dritta e un buon intrattenimento, i tuoi iscritti non ti abbandoneranno tanto facilmente e la tua lista continuerà a crescere nei mesi e negli anni.

Come puoi capire, c'è una vera e propria **correlazione tra gli iscritti alla tua newsletter e le tue entrate monetarie**.

Ecco la triste (?) verità:
#1. Se hai una mailing list, venderai i tuoi libri con certezza.
#2. Se non ce l'hai, potresti vendere comunque, ma probabilmente no.

Quindi, **ti conviene concentrare i tuoi sforzi per creare una mailing list**, in modo da vendere più libri.

*Suona semplice, no?* ;-)

In questo ebook, mio caro scrittore, ti svelerò i segreti (qui in Italia – tra noi scrittori – non li conosce quasi nessuno ancora...) per riuscire a creare la tua mailing list in maniera rapida e funzionale.

## Punto 1:  Crea il tuo sito web

Non perdere troppo tempo per creare il tuo sito.
Ripeto: *non perdere troppo tempo per creare il tuo sito.*

*(Ma crealo però! ^\_\_^)*

Mi spaventava moltissimo dovermi creare da zero un sito e un blog
(non conoscevo neanche la differenza tra i due).
D'altra parte farsi fare un sito in Italia ha un costo elevato e quindi è
un'opzione che non avevo nemmeno preso in considerazione.

*In fondo... a me piace scrivere...* mi ripetevo.

Alla fine **in soli tre giorni ho creato il sito** e in altri tre ho preparato
un po' di articoli del blog.

Quello che voglio farti capire è che noi siamo scrittori, non blogger!

**Alcuni blogger con lunghe mailing list hanno iniziato a
pubblicare su Amazon i loro ebook con successo**, ma è
improponibile che uno scrittore diventi blogger, solo perché non vende
abbastanza libri.

In principio ero terrorizzato dal dover pubblicare assolutamente un
articolo a settimana sul blog con regolarità svizzera.
Poi ho capito che non era necessario.

È necessario avere un sito (e forse anche un blog), questo sì, ma **non
si può pretendere che uno scrittore abbia un blog di successo**
pieno zeppo di articoli lunghi e originali.

Sarebbe bellissimo e utile, ma costerebbe una sacco di lavoro.

Io sono un accanito sostenitore della **regola 80/20**, ovvero mi concentro sul 20% degli aspetti che mi fruttano l'80% dei guadagni e cerco di ignorare quel'80% di lavoro che porta soltanto a un 20% di guadagni in più.

In sostanza, quello che ti insegnerò tra qualche riga è a farti **un sito minimale, ma funzionale alla raccolta di mail** per la tua mailing list.

È di questo che si parla, no? ;-)


*Di cosa abbiamo bisogno?*
Abbiamo bisogno di conoscere i nostri fan e instaurare con loro una connessione di fiducia. Il sito deve diventare un luogo virtuale dove i nostri fan possano scambiare con noi e scambiarsi tra loro idee, consigli, dubbi, soluzioni.


> **"It goes without saying that every author needs a website."**
> *Tim Grahl*


Quando un lettore leggerà un tuo libro o sentirà parlare di te, la prima cosa che proverà a fare sarà scrivere il tuo nome in Google, con tutta probabilità. Ecco perché si rende necessario un sito, ovvero per convogliare tutte queste persone in un unico "posto", nel tuo piccolo territorio virtuale, nella tua casa.

E visto che un sito ci vuole, dobbiamo trovare una maniera facile e rapida per creare un bel sito, semplice e funzionale.
Adesso ti spiegherò come sia tutt'altro che difficile fare tutto ciò.


**SCEGLIERE IL DOMINIO**

A meno che tu non scriva esclusivamente *non-fiction* e sia sicuro che tratterai una sola nicchia di argomenti per tutta la vita (e/o voglia vendere il tuo sito in futuro), il mio consiglio è di mettere te stesso nel dominio.

A tua discrezione puoi scegliere nomecognome.it o nomecognome.com, io ho scelto il secondo (pierluigitamanini.com), perché nella vita non si sa mai dove si andrà a vivere e quello che si farà tra vent'anni, ma va benissimo anche .it.

Tutte le altre scelte, io le lascerei perdere.
Se sei uno scrittore, sei tu il **brand**!

Se il tuo nome è già occupato, allora scrivimi e vedremo di trovare insieme una soluzione.
Oppure fai come ha fatto Steve Scott e aggiungi la parola sito in fondo:
www.stevescottsite.com


Per comprare il dominio (fallo subito così non ci pensi più!), va bene qualsiasi fornitore. Io mi sono affidato a *dreamhost.com* su suggerimento (durante una **consulenza online via skype** che consiglio pure a te) di un imprenditore online che stimo moltissimo **Samuele Onelia**, ma - ripeto - uno o l'altro non fa davvero differenza.

Il mio consiglio è di scegliere anche tu *dreamhost* (sì, mi piace scrivere i "nomi propri" minuscoli o in minuscolo, che dir si voglia...) per due motivi:

#1. per me sarà eventualmente più facile aiutarti se ne avrai bisogno
#2. dreamhost si "sposa" perfettamente con squarespace (di cui ti parlerò tra un po' di righe...)

Dimenticavo di dirti che comprare un dominio ha un costo. Si tratta di meno di 10$ all'anno. Se ti sembrano troppi, lascia perdere.

Intendo proprio, "lascia perdere con la tua idea di business online, lascia perdere con il tuo progetto di vendere libri...", anche perché tra un po' ti proporrò di spenderne ancora di più. ^__^

Se vuoi essere preso sul serio, è meglio se hai il tuo dominio, ma ci sono degli esempi clamorosi che dimostrano il contrario: http://jakonrath.blogspot.it/

Se **uno dei più famosi self-publisher ha un dominio gratuito**, perché non puoi averlo anche tu?


## DOVE COSTRUIRE IL TUO SITO?

Se sei uno smanettone informatico, forse Wordpress.org potrebbe ancora essere ciò che fa per te. Tra l'altro ci sono anche dei template creati appositamente per gli autori indie: http://www.creativindie.com/99-wordpress-themes-for-indie-author-websites-that-will-actually-sell-books/


Ma se come me non ami perdere tempo a "smanettare" sul PC e preferisci occupare quel tempo scrivendo o ascoltando podcast mentre cammini nella natura... lascia perdere Wordpress e scegli Squarespace.

Squarespace.com (sì, me lo consigliato sempre lui, Samuele Onelia di ItalianIndie.com) dà la possibilità di creare siti in maniera semplicissima e rapida.
Iscriviti gratuitamente, scegli il modello che più si avvicina ai tuoi gusti (ma non perderci troppo tempo) e vedrai quanto sia semplice modificarlo e creare il tuo sito.

Se hai domande e dubbi, contattami e vedrò di rendermi utile. Ad ogni modo sappi che Squarespace ha un sacco di video-tutorial ben fatti. Per ora sono in inglese, ma è tutto di facile comprensione.

L'unico ostacolo di Squarespace potrebbe essere il costo. In questo momento creare il tuo sito su Squarespace costa meno di 10$ al mese, ma sono convinto che il prezzo scenderà ancora.

Per evitare di pagare anche quei 10$ al mese (ma quanto sei tirchio? ^__^), puoi affidarti a wordpress.com che è gratuito e anch'esso facilissimo da usare. Tra l'altro puoi comprare il dominio direttamente da lì. Ne riparlerò più in là, non preoccuparti.

Ad ogni modo se vuoi un bel sito, il mio consiglio rimane SquareSpace.

Hand-coding HTML, PHP, CSS, JavaScript... lascia perdere le cose difficili, lasciale agli esperti: se passi a Squarespace puoi scordartene e puntare su ciò che ti serve: il **contenuto**.

Avrai in poche ore – massimo tre giorni – un sito bello da vedere e perfettamente funzionale alla tua attività di scrittore indipendente. Te lo dico perché ho fatto anch'io così! Ho comprato il dominio pierluigitamanini.com su Dreamhost e poi mi sono registrato su Squarespace e ho smanettato quel poco che mi è bastato per capire come funzionava. Fine. Stop.


## COME GESTIRE PRIVACY E COOKIES PER UN SITO DI SCRITTORE INDIE?

Il modo più semplice - e uno dei più economici - è andare sul sito *Iubenda* (non ti dico chi me lo ha consigliato, perché lo sai già ^__^), guardare i video tutorial e poi creare in automatico la tutela della privacy per il nostro sito. Tempo un'ora e avrai risolto i tuoi problemi con la legge. Il costo è di meno di 20€ all'anno.


*Ma adesso veniamo al sodo...*

# COME COSTRUIRE UN SITO PER SCRITTORI INDIPENDENTI

Comprato il dominio, collegato il dominio a Squarespace, non rimane che strutturare il sito per renderlo funzionale alla nostra attività di scrittori indipendenti.

Ora ti esporrò brevemente ciò che non può mancare in un sito per scrittori, ma sappi che se tu vuoi aggiungere qualcosa di personale in seguito hai tutto il diritto di farlo, ci mancherebbe.
Io semplicemente ti darò dei suggerimenti su come creare il sito in modo che non manchi niente di importante.

Se ad esempio un sito fosse bellissimo esteticamente, ma non mettesse in evidenza (o non lo avesse proprio) il **form per la raccolta delle e-mail** per la newsletter, sarebbe fallimentare.

Allo stesso modo un sito per scrittori senza un blog dinamico con la possibilità per i visitatori di commentare i vari post, potrebbe essere un azzardo o un vero e proprio autogol.

*Considera i miei consigli come una **checklist** per verificare che al tuo sito non manchi qualcosa di indispensabile.*

Scusa un attimo...

Te lo immagini un sito senza la descrizione dei libri dell'autore?
O senza una mail o un form per iscriversi a una newsletter?
O un sito di scrittore senza la pagine "Chi sono" o "Contatti"?

Ti parrà impossibile, ma a moltissimi siti di autori italiani manca la possibilità di iscriversi a una newsletter, che invece - a mio avviso - è l'unica cosa che non può mancare.

## LE FONDAMENTA DI UN SITO PER SCRITTORI

I <u>4 punti fondamentali</u> per creare **un sito per scrittori indipendenti**:

Homepage
About
Books
Contact

Volendo tradurli (ma anche no): **Home, Chi sono, Libri, Contatti.**


Oltre ai 4 aspetti fondamentali, ne esistono <u>altri 3 importanti</u>:

Events
Blog
Resources
In italiano: **Eventi, Blog (o News o Novità), Risorse**.


Prima di andare ad analizzarli uno per uno, c'è l'obbiettivo principale del sito (e del libro che stai leggendo)...


## COME RACCOGLIERE LE MAIL IN UN SITO PER SCRITTORI

*(ovvero come creare una mailing list di lettori che ti stimano)*

Te lo ripeto: se mi chiedessero cos'è che non può mancare in un sito al giorno d'oggi, non avrei dubbi a rispondere: **un modo per raccogliere le mail**.

*Perché?*

Perché tutti i marketer, i copywriter e gli imprenditori online (e quindi anche gli scrittori indie) di un certo livello sono concordi nel dire che

**non esiste metodo più efficace per creare un business della mailing list.**

Per questo nei 4 punti fondamentali non l'ho nominata: è talmente importante che <u>deve stare su ogni pagina</u> del sito!

> **"Email list is more important than Twitter, Facebook, blogging, podcasting or anything else you do"**
> *Tim Grahl*

Per chi non sa l'inglese, il consiglio è di mettersi a leggere – seriamente e con assiduità – libri in inglese (come sto facendo io da un paio d'anni!).

Traduco, anche se sono certo che tu abbia perfettamente compreso il significato della frase di Tim:

*"La lista di email è più importante di Twitter, Facebook, scrivere post sul tuo blog, registrare e pubblicare interviste o qualsiasi altra cosa tu stia facendo."*

Torniamo al sito e alle sue pagine...

## QUALI CONTENUTI INSERIRE NELLE PAGINE DEL TUO SITO

Andiamo insieme ad analizzare pagina per pagina.

### @ Pagina n.1: Homepage

L'errore di molti è di sovraccaricare la home di notizie inutili: sii conciso ma efficace.

*1. Per prima cosa: chiedi la mail a chi arriva alla tua homepage.

Quindi la tua homepage dovrà tendere a una "squeeze page".
Sai cos'è una **squeeze page**?

Ecco qualche estratto da Wikipedia (Licenza Cc):

"Una pagina squeeze (dal verbo inglese to squeeze, "spremere, comprimere") è una pagina di destinazione creata per sollecitare potenziali utenti ad iscriversi volontariamente ad una newsletter."

"Una pagina squeeze è una singola pagina web, creata e disegnata con il solo intento di catturare le informazioni per poter svolgere successivamente attività di marketing, il che significa che la pagina **non ha alcun collegamento ipertestuale in uscita**."

"Chi si occupa di marketing su internet prende in prestito tecniche di scrittura pubblicitaria da attività di marketing "classico". Ciò include l'uso di titoli, scadenze, testimonianze e simili. Marketer aggressivi presenteranno ai propri visitatori degli **incentivi** in cambio della sottomissione delle loro informazioni di contatto."

"Come regola generale, i marketer su internet cercano di mantenere il contenuto delle loro pagine squeeze al minimo indispensabile. Lo scopo della pagina è quello di ottenere l'indirizzo email del visitatore; ulteriori informazioni potrebbero distrarre l'utente o fargli abbandonare il sito. [...] L'assenza di collegamenti viene utilizzata affinché l'attenzione dei visitatori si concentri su una scelta: iscriversi alla mailing list aziendale o lasciare il sito. Recenti studi hanno confermato che convincere un visitatore ad iscriversi ad una mailing list offre l'opportunità di inviare al visitatore più messaggi pubblicitari nel corso del tempo, di sviluppare un rapporto e di poter vendere in modo incrociato altri prodotti correlati."

"Le pagine squeeze sono spesso usate in combinazione con una e-mail di risposta automatica per iniziare a fornire le informazioni non appena il visitatore conferma il proprio indirizzo e-mail. [...] Promettere informazioni una volta confermato il proprio indirizzo email si è dimostrato un metodo efficace per aumentare la percentuale di iscritti. Con le nuove tecnologie si tende ad utilizzare anche la voce e/o i video nelle pagine squeeze, nel tentativo di catturare maggiormente l'attenzione del visitatore."

Se vuoi approfondire ti consiglio di andare su wikipedia e spendere due minuti per leggere l'intera definizione: http://it.wikipedia.org/wiki/Pagina_squeeze.

Eccotene alcuni esempi:

http://www.italianindie.com/
http://timgrahl.com/
http://www.pierluigitamanini.com/ (occhio che la continuo a cambiare, però...)

In sostanza sono *pagine web il cui obbiettivo principale è collezionare mail.* Tutto qui. Ce ne sono di più o meno spinte. Quelle sopra citate fungono sia da homepage che da squeeze page, ma esistono anche squeezepage più "aggressive" in cui o ti iscrivi o abbandoni la pagine - non esiste altra possibilità.

Eccone un esempio:

http://www.pierluigitamanini.com/home-cover-page/

A te la scelta.

*2. Per quanto riguarda i libri che hai scritto, mi sembra ovvio che un link (con cover, descrizione, eventuali risultati/premi...) sulla home page al tuo ultimo libro, possa essere una buona idea.

*3. Oltre al box per l'iscrizione alla newsletter e all'eventuale link al tuo ultimo libro, io consiglio di inserire una **breve biografia** (seguita da un "read more") con foto. Ottimo sarebbe che la foto fosse la stessa dei tuoi altri canali "social" di promozione e vendita (Twitter, Facebook, Amazon Author, Goodreads...).

*4. Eventualmente inserirei gli *excerpts* degli utimi 3 o 5 post pubblicati sul blog (con link).

*5. In fondo alla pagina Home, è meglio spiegare al lettore come poterti contattare: link alla pagina contatti, link a pagine Twitter e Facebook e infine la tua mail.

Di sola teoria non si vive, quindi è meglio prendere spunto da persone di successo...
Un ottimo esempio di Homepage è goinswriter.com.
Cerca di far assomigliare la tua homepage alla sua, e sei a cavallo!

*RECAP: come e dove inserire tutte queste cose nella Homepage?*

Visto che la HOME sarà la tua pagina più visitata in assoluto, andiamo più nello specifico e rivediamo punto per punto come inserire al meglio ogni parte.

Ultimo libro

Il tuo ultimo libro pubblicato dovrebbe stare al centro del tuo sito (se si tratta davvero di una pubblicazione degna di nota o a cui tieni particolarmente).

PARENTESI
*Se scrivi un ebook breve al mese, non ha molto senso.*
*Avrebbe, in quest'ultimo caso, più senso regalare un tuo ebook in cambio della mail.*
FINE PARENTESI ;-)

Mostra la cover del tuo ultimo libro, una breve descrizione e il link per la vendita. Puoi vendere l'ebook direttamente dal tuo sito o da quello di un rivenditore come Amazon, Kobo...

Per chi arriva sul tuo sito deve essere facile e comprare il tuo ultimo ebook e/o libro cartaceo. Ciò è importante non solo per effettuare la vendita stessa, ma anche come "branding": se lo hanno già letto sanno di essere nel posto giusto, se non lo hanno letto sarà comunque un ottimo biglietto da visita.

I libri infatti sono un'ottima "presentazione" di noi stessi, soprattutto per quanto riguarda gli scrittori di non-fiction.
Io consiglio a tutti di pubblicare un libro – al di là che poi verrà letto o meno – perché ha un sacco di *pro* e nessun *contro:* i vantaggi sono evidenti sia in termini di soddisfazione personale che a livello di marketing per la propria attività.


## Email form

Come detto in precedenza il nostro scopo principale - ancor più di "farsi leggere" - è di spremere contatti, ovvero collezionare email. Posizioniamo quindi almeno un paio di form per l'iscrizione alla newsletter (almeno uno in cima e uno in fondo alla pagina).


## Biografia con foto

Inserisci una brevissima e coinvolgente biografia (dai il meglio di te per attirare l'attenzione del visitatore!) con una foto. La foto dev'essere il più caratteristica possibile; meglio se con un sorriso che con una posa da duro. Cerca di mostrare il tuo lato più personale: sii una mucca viola tra infinite mucche marroni!

Il consiglio è di usare la stessa foto che usi per i social network (Facebook, Amazon Author Page...), in modo da essere riconosciuto a prima vista.

A fine bio inserisci un link del tipo "Approfondisci" o "Scopri di più" o "Read more".

## Estratti

Potresti pubblicare gli estratti dei tuoi ultimi blog post oppure un link alle risorse che offri sul suo sito. Dev'essere immediato per il visitatore reperire tutto il contenuto (libri gratuiti, pdf, articoli...) che gli metti a disposizione.

## Contatti

Inserisci, se vuoi, i link (mediante icona) verso le tue pagine Facebook, Twitter... Fornisci la tua mail personale e/o un form per contattarti.

## @ Pagina n.2: About o Chi sono

Questa pagina ha almeno tre motivi di esistere:

#1. Permette ai lettori di soddisfare la curiosità nei tuoi confronti
#2. Permette a chiunque (recensori, giornalisti, blogger...) di reperire informazioni e foto su di te
#3. Permette a te stesso di raccontare la tua storia e legare per sempre te ai tuoi fan

## Foto

Come ti ho già detto, usa sempre la stessa foto: fai un *brandy* di te stesso! ;-)


"Breve bio" e "Lunga bio"

Per una breve biografia sono sufficienti due paragrafi intensi e "pieni di persuasione": attira l'attenzione!

Un esempio?

*Vivo in un paesino di montagna sopra Trento, dove sono nato il giorno di Natale del 1977.*

Molti mi hanno fatto notare come dire che vivo in un paesino e che sono nato il 25 dicembre, crea curiosità: trova anche tu qualcosa che ti renda "diverso" dagli altri.

Per la biografia completa non ci sono limiti: siamo scrittori, scateniamoci! Parla di te stesso, di quando eri giovane, dei tuoi fallimenti (fanno sempre colpo!), dei tuoi sogni e dei tuoi progetti per il futuro.


Email subscription box

Non può mancare, come avrai capito!


## @ Pagina n.3: Books o libri

Ti consiglio di iniziare con i libri che più ti rappresentano, quelli che hanno avuto più successo, quelli di cui vai orgoglioso. Ad ogni modo se non sai quali libri mettere in cima all'elenco, un'ottima idea è di elencarli dall'ultimo uscito al primo, in ordine cronologico inverso.

Ogni libro di cui "parli" deve avere:

a# Cover o copertina (2D o 3D)
b# Titolo e sottotitolo
c# Breve descrizione
d# Link per l'acquisto (ad esempio un'affiliazione di Amazon)
e# Eventuale link a una pagina del sito dedicata per ogni libro


## Email subscription box

Ricordati di catturare l'email dei tuoi fan o dei tuoi potenziali lettori in ogni modo!


## Pagina dedicata per ogni singolo libro

Ecco come potresti strutturare la pagina dedicata in cui presenti nel dettaglio ogni tuo libro:

a# Cover
b# Titolo e sottotitolo
c# Descrizione Completa
d# Recensioni e/o testimonianze
e# Link per l'acquisto
d# Email box (anche qui, ebbene sì! ^__^)

Se ancora non avessi terminato il tuo primo libro (oppure volessi lanciare il libro che stai scrivendo) ti consiglio di "parlarne", di inserire titolo – anche se provvisorio – e descrizione. E magari pure una cover (anche se poi la cambierai).


## @ Pagina n.4: Contatti

C'è solo una regola: contattarti dev'essere facile e immediato!

## Email address

Non aver paura di postare sul tuo sito il tuo indirizzo email: anch'io all'inizio ero scettico, avevo paura che poi mi sarebbe arrivata una valanga di spam. Non si è verificato.

Lasciare la tua mail sul sito in bella vista è un bel gesto: fallo anche tu, non temere.

## Indirizzo "fisico"

Non credo mai nessuno ti scriverà una lettera cartacea, ma se ci tieni, inserisci anche l'indirizzo tradizionale.

## Link ai social media

Inserisci i link di tutti i tuoi social media (a partire da Facebook e via via tutti gli altri): questo ti aiuterà a raggiungere più persone.

## Form di contatto

Una possibilità in più per spingere il visitatore a entrare in contatto con te... perché non fargli una domanda e vedere se e come risponde?

## Email subscription box (oh yesss!)

Sempre e comunque! ^__^


*Bene, abbiamo parlato delle 4 pagine principali, adesso andiamo ad approfondire le 3 pagine secondarie...*

## LE TRE PAGINE FACOLTATIVE

**@ Pagina n.5: Eventi**

### Elenco eventi

Puoi elencare eventi passati e futuri che ti coinvolgono direttamente (presentazioni di un tuo libro, tour, public speaking) o eventi – online o off line – a cui hai partecipato o parteciperai come spettatore. In quest'ultimo caso, fatti trovare dai tuoi fan, fatteli amici, crea una relazione più vera.

### Video o Podcast

Interviste video o audio in cui ti "metti a nudo" e parli di te e della tua attività di scrittore... o regali del "contenuto" utile a chi ti segue.

### Consulenze

Spiega come possono contattarti. Ad esempio se sei un esperto della tua nicchia (non fiction) potresti offrire delle consulenze a partire da 50€ l'ora per poi via via alzare il prezzo. Se invece ti stai affermando come scrittore indipendente o autore indie, potresti offrire consulenze in cui spieghi come seguire il tuo esempio.

Potresti anche offrirti (e farti pagare!) per parlare a eventi off line o conferenze online.

**@ Pagina n.6: Blog**

### Blog post

Oltre all'ottimo contenuto dei tuoi post (lunghi se possibile circa 1.500 parole), aggiungi:

#1 Autori - tu e gli altri eventuali autori di guest post

#2 Link di condivisione - rendi il più facile possibile condividere sui social i tuoi post

#3 Commenti - commentare i post dev'essere comodo e immediato, a costo di ospitare commenti stupidi e inutilmente crudeli dei soliti pazzi del web...

*Perché non inserire una side bar?*

Una **barra laterale** consente ai visitatori di navigare nel tuo sito con facilità. Ecco come potresti strutturarla:

a* Email subscription box - *non ci avevi pensato, è?* ;-)
b* Breve bio con solita foto
c* Ultimo libro
d* Post più popolari (e che più ti rappresentano)

## @ Pagina n.7: Risorse

Avere una pagine "Risorse" ti consente di scrivere la frase "Per accedere alle risorse gratuite, iscriviti alla newsletter!": solo questo basterebbe a motivarne la presenza. ^__^

Un segreto che pochi hanno capito è che esistono risorse che invecchiano e risorse che non invecchiano (*evergreen*).

Il mio consiglio è di creare risorse (va benissimo anche in versione pdf) che, una volta caricate, rimangano intatte nei prossimi vent'anni, in termini di valore. Vuoi degli esempi?

#1 Abitudini di scrittura (es. scrivere almeno 500 parole al giorno)

#2 Tattiche "evergreen" sul self-publishing
#3 Incipit dei tuoi romanzi
#4 Racconti
#5 Storie personali
#6 Interviste
#7 Manifesti – inteso come *mission* (es. il manifesto della felicità)
#8 Corsi gratuiti

NB: non dimenticare di "piazzare" il solito form per l'iscrizione alla mailing list!

Inoltre perché non consigliare anche risorse altrui?
Aiuta i tuoi lettori a trovare altri libri o post utili (anche se sono dei tuoi competitor) e verrai ricompensato.


DOMANDA...
Non dimenticare la domanda fondamentale: *perché stiamo creando un sito?*

Lo scopo del tuo sito è di rendere facile e immediata, per le persone che "atterrano", la comprensione di alcuni aspetti cruciali:

#1 essere nel posto giusto
#2 come poter comprare i tuoi libri
#3 come iscriversi alla tua email list
#4 dove poter leggere "cose" che ti riguardano (bio, blog post, interviste...)


**QUALI "STRUMENTI" TI POSSONO AIUTARE A RENDERE FUNZIONALE UN SITO PER SCRITTORI?**

Esistono due strumenti fondamentali che non possono mancare in un sito:
1# servizio per raccogliere e gestire le mail

2# sumome


# 1# **MailChimp** (o Aweber)

Mailchimp e Aweber sono i due servizi per collezionare email più famosi al mondo.
Personalmente uso il primo per due motivi:
1# Squarespace è già predisposto per funzionare con Mailchimp
2# Fino a un TOT di iscritti è gratuito


Qualunque servizio tu scelga (ne esistono di molto costosi e performanti), ti permetterà di creare i form per raccogliere le email di chi arriva sul tuo sito e mandare loro infinite mail in maniera del tutto automatica.

Offre inoltre la possibilità di creare dei popup per iscriversi alla newsletter: dopo alcuni secondi (decidi tu quanti) che un visitatore è arrivato sul tuo sito, gli apparirà in sovrimpressione un popup in cui poter lasciare la mail.

Mi fermo qui. Meglio dedicarvi un capitolo a sé stante.


# #2 Sumome

Non dimenticarti, una volta creato il tuo sito, di andare su **sumome.com** e iscriverti.
Semplicemente copiando il codice che ti viene fornito e incollandolo sulle tue pagine potrai installare delle applicazioni utilissime e gratuite per condividere i tuoi contenuti e raccogliere mail.

Gli strumenti che ti consiglio di scegliere su *Sumome* sono i seguenti:
# share
# welcome mat

# builder list
# scroll box
# smart bar

A parte "share" (app per le condivisioni sui social), gli altri sono tutti strumenti per far crescere la tua mailing list.

Il più potente è "welcome mat" che in pratica mette il lettore del tuo sito davanti a una scelta: scaricare il regalo gratuitamente fornendo la propria mail oppure cliccare su "no, grazie".

Ha quasi la potenza di una squeeze page, con la differenza che cliccando su "no, grazie" è possibile tornare al sito.

Curare il design di queste semplici app e collegarle a Mailchimp (o Aweber) è talmente facile che non vale la pena perdere tempo a spiegarlo.

Eventualmente, scrivimi una mail e cercherò di aiutarti. :-)

Per vedere come funzionano le app di Sumome, ti consiglio di andare sul mio sito http://www.pierluigitamanini.com/books/

*Conclusioni...*

Nonostante avere un sito non sia - secondo alcuni - un must per un autore indipendente, sono convinto che possa davvero fare la differenza. Soprattutto se tu (come il sottoscritto!) punti a intraprendere la carriera di "scrittore online" indipendente, hai bisogno di una *casa* in cui ospitare tutta le gente che vuol venire a trovarti, conoscerti, parlare con te, diventare un tuo amico.

L'importante non è avere un sito *strafigo* all'ultima moda del momento, ma un sito funzionale. Se seguirai i suddetti consigli su come costruire un sito per scrittori, sono certo che non potrai sbagliare!

**Focalizzati sugli obbiettivi principali:**

#1 Iscriversi alla newsletter dev'essere facilissimo!!! Lo è? Sicuro?
#2 La gente capisce subito che è nel posto giusto? Aiutati con la tua foto e con le cover dei tuoi libri!
#3 Si trovano immediatamente i tuoi libri? Si possono acquistare con un paio di click?
#4 Hai lasciato in bella vista i tuoi contatti? (Indirizzo e-mail, link alla pagina Facebook, un form...)


Ora non hai più scuse: sai perfettamente come costruire il tuo sito e iniziare a pubblicare articoli sul tuo blog.

## Punto 2 . Investi nel giusto servizio di e-mail marketing

Come abbiamo già accennato al punto precedente, ogni scrittore – e con lui tutti coloro che vogliono creare un business e/o vivere delle proprie passioni – ha bisogno di un servizio dedicato per la raccolta e la gestione delle mail degli iscritti alla newsletter.
A mio avviso, è più importante il punto 2 del punto 1: infatti tu, scrittore, **puoi creare un business online senza un sito, ma non lo puoi fare senza un servizio di email marketing**.

Un *Email Marketing Service* (EMS) è ciò che ti permette di inviare email in grandi quantità alle persone che ti hanno autorizzato a rimanere in contatto con te: ti hanno cioè dato **il loro "permesso" di contattarli.**

Ricordati che una delle chiavi per vendere più libri è rimanere in contatto con i lettori.
Per far questo hai bisogno di  un EMS perché in questo modo puoi rimanere in contatto, condividere aggiornamenti sui tuoi ebook oppure fornire informazioni utili e importanti ai tuoi lettori.


Personalmente, ho iniziato con  pierluigitamanini.com su piattaforma Squarespace e con Mailchimp come EMS, ma chissà che in futuro io non desideri qualcosa di più professionale.
Probabilmente il passaggio naturale post-squarespace, sarebbe un sito su wordpress.org, ma questo sarebbe un passo molto oneroso in termini di tempo e di denaro.
Invece il passaggio naturale post-mailchimp sarebbe verso Aweber, un po' più costoso, ma – come affermano in molti – più performante e professionale.

In realtà non esistono solo Mailchimp e Aweber: esistono decine di EMS che si adattano più o meno bene ad ogni diverso tipo di business.

Getresponse (che crea anche landing page) potrebbe essere un'alternativa economica e completa.

Molti marketer famosi usano Infusionsoft o ConvertKit, per citare alcuni tra i più famosi.

Il primo ha costi davvero alti, mentre il secondo più abbordabili.

## Punto 3. Scegli la tua soluzione per l'E-commerce (opzionale)

Una parte degli scrittori pensa che Amazon sia l'unico posto dove poter vendere un libro. **Amazon è una grande "idea"**, ma questo non significa che sia l'unico posto per vendere il tuo libro, specialmente se hai intenzione di avere delle entrate maggiori rispetto al 70% che Amazon ti garantisce.

Oltre ad Amazon ci sono vari retailer come Kobo, AppleStore e tantissimi altri con percentuali per l'autore che arrivano anche al 95%.

In genere, quando un autore vuole espandere i propri confini al di fuori di Amazon sfrutta dei servizi come Smashwords e Narcissus che permettono di caricare l'ebook sui loro siti e pensano loro a distribuirli su tutti gli altri retailer.
È una soluzione non ottimale, ma rispettando la regola 80/20 va comunque presa seriamente in considerazione.

Il mio consiglio, nel caso in cui non si scelga di dare ad Amazon l'esclusiva dei propri ebook scegliendo **KDP select**, è di piazzare il file su Smashwords o Narcissus, ma poi di "prendersi la briga" di caricarlo autonomamente su Amazon.
Perché?
**Perché è lì la fetta più grande del mercato.**

Se un autore è dotato di partita IVA, allora potrebbe anche decidere di vendere i propri libri digitali e cartacei dal proprio sito.

Io personalmente non ci penso nemmeno.
La ragione principale è che non ho un grande pubblico che segue il mio blog.
Si stima che solo una misera percentuale (certo, dipende da un sacco di fattori...) di utenti che arrivano sul tuo sito, cliccherà sul link per comprare il tuo libro. Di questi poi quanti lo compreranno davvero?

Ecco perché solo se fossi un blogger con un grande seguito, sceglierei (forse) questa strada. Ma, correggimi se sbaglio, tu – esattamente come me – non hai decine di migliaia di visite uniche al mese, giusto?

Bene, allora lascia che ti spieghi come si potrebbe vendere direttamente dal proprio sito... e poi dimenticatene! ;-)

Da quel che vedo, negli ultimi tempi il servizio più usato dai blogger per vendere info-prodotti è Gumroad.

Io non l'ho mai usato, dicono sia molto semplice, direi quasi immediato.

E mentre Amazon si tiene almeno il 30% del tuo profitto, Gumroad ti addebita solo il 5% più 0,25 $ per "transazione".

L'altra soluzione classica è Paypal, anch'essa semplice da usare e decisamente più usata in Italia.

Non approfondisco oltre, perché a mio avviso un autore esordiente non ha bisogno di questo "sistema".

Se invece hai una mezza idea di creare infoprodotti (videocorsi online, tutorial, mini-guide...) e diventare un blogger, allora è la soluzione ideale. Ho notato infatti che spesso lo stesso libro venduto su Amazon ha un prezzo decisamente minore rispetto alla vendita diretta dal sito. Questo significa che, magari ne venderai di meno, ma i profitti potrebbero essere decisamente maggiori.

Ad esempio, se in un mese vendi 100 copie dal tuo sito a 19,99€, avrai fatturato circa 2.000€.

Se, su Amazon, ne avrai vendute il doppio, ovvero 200, a 9,99€, avrai guadagnato 2.000€*70%, ovvero 1.400€.

Se, su Amazon, avessi venduto sempre 200 copie, ma a 19,99€, avresti guadagnato 4.000€*35%, ovvero sempre 1.400€.

(Ti ricordo che Amazon paga il 70% all'autore solo nella fascia 2,99-9,99€, negli altri casi paga il 35%)

Come avrai notato, vendere da un proprio sito ha dei vantaggi dal punto di vista monetario. Indiscutibile.

Ma, ragioniamo un po'... di cosa abbiamo bisogno noi autori?
Di un pubblico di lettori.

Se ancora non ce lo abbiamo, dove possiamo andare a "prenderlo"?
Su Facebook? Su Google?
Non è meglio forse "prenderlo" direttamente da Amazon?

Mi spiego.
Ipotesi n.1 Se vendi un libro dal tuo sito (improbabile), incassi e hai la mail di chi lo ha acquistato da aggiungere alla tua mailing list.
Ipotesi n.2 Se vendi un libro su Amazon (probabile), incassi un po' meno, non hai la mail per la mailing list, avrai una recensione (difficile).

Sono un grande sostenitore della mailing list, eppure sono convinto che per un autore esordiente sia di gran lunga migliore la seconda ipotesi.

Tutto sta in quel "probabile" al posto di quell'"improbabile".
**All'inizio l'imperativo dev'essere: *farsi conoscere!***
Ecco perché consiglio di regalare sempre almeno un libro su Amazon: farsi conoscere è la *condicio sine qua non*.

Su Amazon ci sono migliaia e migliaia di lettori che giorno per giorno cercano qualcosa di interessante da leggere.
Credi che ci siano anche migliaia di persone che ogni giorno cerchino qualcosa da leggere sul tuo sito? Per di più a pagamento?

L'altro aspetto fondamentale per cui scegliere Amazon (o altri rivenditori come Kobo) è che, lemme lemme, arriveranno le prime recensioni.

Queste, non solo innalzano il ranking del tuo ebook, ma creano fiducia nel potenziale acquirente. Creano attenzione, creano branding, creano fascino, creano curiosità...

Tornando alla prima ipotesi, quella della vendita diretta, il vantaggio (a parte quello monetario) è l'acquisizione della mail.

Lo ammetto, è un vantaggio non da poco. Con *quella* mail ci sono ottime possibilità che *quel* lettore, soddisfatto del primo libro acquistato, legga anche il secondo e così via.

Se la cosa vi interessa vi consiglio questa fantastica intervista: http://www.italianindie.com/blog/davide-petucco-ciclismopassione

Ma noi non siamo, per ora, blogger, ma autori di libri.

Quindi... come raccogliere la mail dei nostri acquirenti su Amazon?

In fondo è proprio lo scopo di questo libro, trasformare un lettore casuale in un lettore fedele.

Ma come fare?

Ci arriveremo... :-)

## Punto 4. Creare un'efficace bonus di registrazione per i tuoi lettori

Per creare una lista di mail, devi dare alle persone un'ottima ragione per registrarsi e prestarti attenzione. Uno dei modi migliori è attraverso un bonus di registrazione (una specie di premio che dai al lettore in cambio della sua mail).

Ecco qui di seguito alcuni esempi.

### #1. Un capitolo gratis

Il modo più semplice per incoraggiare potenziali lettori a registrarsi alla tua mailing list o per comprare un tuo libro è offrire la possibilità di leggere parte di esso.
Che sia un capitolo o il primo 10-20% del tuo libro, è un modo facile e veloce per iniziare a creare la tua mailing list.

**Non è sistema che funziona molto bene**, e consiglio di usarlo solo nei primi tempi, quando non si dispone di nient'altro.
Ad ogni modo, per quei pochi che si registreranno ci sono buone speranze che comprino l'interno libro... una piccola parte di essi.


### #2. Libro o guida gratis

*Un'opzione più efficace che un solo capitolo gratis è un libro completo gratuito.*
Lo so che sembra una pazzia regalare un intero libro, ma rifletti un attimo...

Facebook è gratis, Sumome è gratis, Twitter è gratis, Google è gratis, Wordpress.com è gratis... e credi che non guadagnino?
Direi che non c'è altro da aggiungere.

**Nel momento in cui scrivo, sto regalando a chi si iscrive alla mia newsletter, ben 4 pdf.**

Uno è "Io", il primo libro di una trilogia chiamata "Un mucchio di parole".

Un altro libro che sto regalando si intitola "Come pubblicare su Amazon".

Inoltre regalo 2 pdf che avevo scritto all'inizio della mia avventura di "MotivAutore", dai quali poi è derivato il libro, "Come diventare uno scrittore indie".

Li trovi sul mio sito www.pierluigitamanini.com
o direttamente a questi link:
http://www.pierluigitamanini.com/regalo-come-pubblicare-su-amazon
http://www.pierluigitamanini.com/regalo-io

Il fatto di regalare tanto, sembrerebbe una pazzia, ma **il mio è un progetto a lungo termine**, e quindi monetizzare poco all'inizio ci sta. Il consiglio è sempre di investire nel futuro e di non focalizzarsi solo sull'entrate immediate.
Forse l'ideale è bilanciare entrate e investimento, anche se io propendo più per il secondo.


#3. **Corso gratuito via email**

A detta di molti, il modo più efficace per avere più iscrizioni è creare dei corsi gratuiti via email.

Quello che faccio io è spedire 5 mail in automatico con un intervallo di una settimana tra una e l'altra in cui spiego chi sono e condivido alcune strategie per scrivere meglio.

Questo lo si può fare con lo strumento "automation" di Mailchimp: si preparano le e-mail con cura e poi, in automatico, il sw le manda a tutti i nuovi iscritti.

Io non ho scelto di fare un corso gratuito vero e proprio, in quanto **alcuni dei miei iscritti sono lettori dei miei romanzi** e non volevo "stomacarli" con 5 mail tutte riguardanti la scrittura.

L'ideale, nel mio caso, sarebbe avere due mailing list: una per scrittori o aspiranti tali e un'altra per i lettori dei miei romanzi.

A far bene probabilmente sarebbe ancora meglio avere una lista per ogni genere di cui ho scritto.
Una lista per i lettori di "Felice in tre settimane" e "Lo zen e l'arte di camminare scalzi", un'altra per i lettori di "Bonsai" e "Il pesce illuminato", un'altra per "Resurrezione" e "Un mucchio di parole", un'altra per la serie sugli scrittori indipendenti "Come diventare uno scrittore indie", "Come pubblicare su Amazon"...

**La verità è che la perfezione non esiste.**
Come avrai modo di scoprire tu stesso, un *authorpreneur* non sempre può scegliere la via migliore. Spesso è meglio di accontentarsi di una "cosa" fatta abbastanza bene, ma che funziona, piuttosto di una "cosa" perfetta che però necessita un sacco di tempo per essere eseguita, oppure mesi e mesi di lavoro in più per essere preparata.

Con "cosa" non intendo solo metodo o strategia (sito, gestione mailing list...), ma anche il libro stesso.
Chi come me ha scritto dei romanzi, sa benissimo che un romanzo non sarà mai perfetto. Più ci lavori e più cambieresti. A un certo punto devi dire: "Ok, pubblichiamolo!".

L'arte dell'authorpreneur è proprio quella di sapere quando un prodotto o un metodo sono funzionali a sufficienza per essere "messi sul mercato".
Dimentichiamoci la perfezione e pensiamo a ciò che funziona!

Detto questo ti consiglio di preparare con cura 3 o 5 mail iniziali da mandare agli iscritti e, a seconda della tua nicchia, renderle omogenee e specifiche nella risoluzione di un problema sentito dal tuo target.

Sta a te poi giocartele bene e chiamarle "Corso per risolvere il problema x" oppure "Le 5 lezioni per raggiungere l'obbiettivo y".

Spulciando su internet (blog americani e inglesi), ho trovato gente che regala tutto ciò che ha scritto a chi si iscrive alla propria mailing list. Sono casi estremi, ma in fondo è simile a quello che faccio io.

Cito traducendo: *"Ho distribuito gratuitamente tutti i miei libri a chi si registrava alla mailing list. Voglio il loro supporto nella forma di download e recensioni, non denaro."*

**Condivido perfettamente questa filosofia.**
Nei primi anni di "vita", la mailing list serve da supporto per i download gratuiti dei libri e, soprattutto, per le recensioni.

È palese che se uno si è iscritto alla tua mailing list significa che, almeno un po', ti apprezza. In più, se gli fai scaricare un libro gratuito e questo gli piace, sarà contento di scriverti una sincera recensione su Amazon.

A questo serve, a mio avviso, una mailing list ai primi tempi della nostra avventura di authorpreneur.

Sempre spulciando qua e là, ho trovato addirittura autori che spediscono a casa dei loro fan (cioè degli iscritti alla mailing list) portafortuna con sirene di argento, cartoline con la copertina del libro, lettere cartacee di apprezzamento.

A me sembra davvero eccessivo, però ammetto che **l'idea di "coccolare" i propri lettori è giusta e vincente.**

Un'altra strategia che sento citare molto spesso consiste nel mettere in palio un premio.
Ad esempio possiamo regalare un lettore kindle (che fantasia è? ^__^) estraendolo a sorte tra i primi cento che si iscrivono.

Poi al momento del lancio di un libro, posso mettere in palio un altro kindle, ai primi dieci che comprano il libro e mi mandano il link della recensione (bella o brutta che sia).

Insomma, le soluzioni sono infinite, basta solo spremere le meningi ed agire.

**Punto 5 Metti il bonus di registrazione in un punto ben visibile (sito, blog, e-book, pagina FB, firma a fine mail, profilo Twitter...)**

All'inizio non avremo molte visite sul nostro sito web, ma vale comunque la pena (per chi lo ha creato) di ottimizzarlo per la raccolta di email.
Andiamo quindi ad approfondire quanto già accennato in precedenza.
Se dai un'occhiata alla statistiche di molti siti web di scrittori, scoprirai probabilmente che la maggior parte dei lettori approda su poche pagine: *homepage, chi sono* e *libri*.

Sapendo ciò, queste sono le tre pagine che dovresti assicurarti di ottimizzare per fare più registrazioni.

### #1. **Richiesta registrazioni sulla homepage**

Ricorda: una <u>home</u> page efficace deve essere fatta non per soddisfare la tua smania di apparire, ma deve essere **pensata per soddisfare la curiosità e le esigenze dei lettori.**

Le homepage più efficaci sono chiare, semplici e coinvolgenti. Hanno lo scopo di spingere le persone a registrarsi alla mailing list.
L'idea è di far capire al lettore che "abbiamo tanto da dare", in altre parole "autorevolezza".
Dobbiamo trovare un buon equilibrio tra semplicità e autorevolezza.
Intendo dire che il sito non dev'essere freddo e cupo, ma deve fornire informazioni in maniera attraente e personale: tu, autore, sei il vero brand da promuovere, non solo i tuoi libri.

Nel mio caso, non ho nemmeno una homepage vera e propria, ma ruoto la home su altre pagine del sito.
Ad esempio per mesi la mia "home" ha coinciso con la pagina "chi sono" e ora, mentre sto scrivendo, coincide con una squeeze page.

Per essere chiari: se clicco su pierluigitamanini.com arrivo direttamente sulla pagina pierluigitamanini.com/regalo-come-pubblicare-su-amazon

Perché cambio spesso la home?
**Perché testare è una delle caratteristiche più importanti di un *authorpreneur*:** solo facendo tanti tentativi è possibile capire cosa funziona meglio.

## #2. **Registrazione sulla pagina "chi sono"**

La pagina "chi sono" è solitamente la seconda pagina più visitata su qualsiasi sito web dopo la home page, a meno che – come nel mio caso – a volte non coincidano. ^__^
Questo la rende un posto ideale per **trasformare i lettori in abbonati felici**. Il punto è che molti scrittori perdono questo importante treno facendo la pagina sul "chi sono" parlando di loro invece che dei lettori! Sbagliato!

Dobbiamo parlare sia di noi che dei nostri "lettori ideali": chi arriva sul nostro sito ci rimarrà soltanto pochi secondi e quindi è fondamentale che capisca subito di essere nel posto giusto.

## #3 **Registrazioni sulla pagina "Libri" o "Books"**

Questa è un'altra pagina con molti accessi su un sito web o un blog. Io ho inserito una cover di ogni libro (con il link ad Amazon), una breve descrizione e una recensione copiata da Amazon.
Chiaramente chi decide di vendere i libri dal proprio sito non ha bisogno di spingere tanto sulla mailing list, in quanto chi comprerà il suo libro dovrà per forza lasciare la propria mail.

Io in cima a questa pagina ho scritto semplicemente:
*"Che tu sia un LETTORE o uno SCRITTORE, iscriviti alla newsletter, avrai la possibilità di acquistare i miei libri gratis o in promozione:*

*approfittane!*" e ho inserito un box per lasciare l'indirizzo mail con un bottone "Iscriviti subito!".
Tutto qui.


**#4 Iscrizioni sul blog**

Proprio come per la homepage, anche un blog è un'ottima opportunità per arricchire la tua mailing list.
Tutto dipende da quanto tempo hai da dedicare al tuo blog, da quanti articoli scrivi a settimana o al mese (o all'anno...), da quanto sono lunghi, dalle tue capacità SEO, dalla grandezza di mercato della tua nicchia...

Ciò che intendo dire è che se la tua nicchia è "Come curare le emorroidi con le *gallette* di Kamut", anche scrivendo pochi articoli al mese, avrai una grande visibilità su Google.
Se invece la tua nicchia è "La paleo-dieta", dovrai darti un gran daffare (o "da fare", se preferisci) per posizionarti decentemente sulla prima pagina di Google.

Ad ogni modo **cerca di inserire una richiesta di iscrizione alla tua mailing list alla fine (o addirittura in mezzo) ad ogni tuo articolo**.


**MA... OLTRE AL SITO WEB?**

Oltre al sito web, ci sono altri modi ancor più efficaci per collezionare mail.

Come avrai capito, io punto moltissimo sul mercato Kindle di Amazon. Ebbene... secondo te dove sarebbe il caso di andare a pescare i miei lettori se non su Amazon.it?

Ma, come abbiamo già detto, Amazon non ci fornirà mai e poi mai la mail di chi ha comprato i nostri libri.

Quindi... dobbiamo arrangiarci!

Personalmente **ho ideato molteplici modi** per spingere (direi quasi costringere ^__^) i lettori dei miei ebook a lasciarmi la loro mail.

Ne elenco alcuni tra i più facilmente replicabili con successo:

#1
A fine libro inserisci un link al tuo sito con una frase del tipo "Ti è piaciuto questo libro? Ne vuoi leggere un altro gratis?" oppure "Vuoi sapere come sono nati i personaggi di questo romanzo? Vai sul mio sito!" oppure "Vuoi partecipare gratuitamente a un corso su come guarire le emorroidi mangiando due gallette di kamut al giorno?" ;-)

#2
A inizio libro inserisci la cover del libro che regali sul tuo sito con il link per scaricarlo gratis.

#3
Se Amazon lo consente (occhio che Amazon cambia spesso le regole ed è piuttosto severa nel farle rispettare!), inserisci nella descrizione al libro un rimando al tuo sito per approfondimenti sui personaggi del romanzo o sulle tematiche affrontate nel libro.

#4
Se il tuo libro è di non-fiction, sicuramente avrai scritto degli articoli nel tuo blog che approfondiscono taluni argomenti, inserisci direttamente il link al post nel libro.
Un esempio?
http://www.pierluigitamanini.com/blog/come-vendere-ebook-su-amazon-guida-introduttiva

#5
Inserisci dei bonus gratuiti da scaricare sul tuo libro.
Ad esempio potresti regalare una versione pdf del libro, oppure la versione audio-libro.

Altrimenti scrivi un racconto con gli stessi personaggi del libro e la stessa ambientazione (una specie di mini-prequel), e regalalo a chi si iscrive alla tua newsletter.


Oltre agli ebook, esistono altri "luoghi virtuali" dove poter metter il link verso il tuo sito.

Sicuramente avrai una pagina Facebook come questa:
https://www.facebook.com/pierluigitamanini
Se non l'hai, vedi di averla in fretta.
Anche sulla tua pagina FB dovrai inserire più link che portano al tuo sito promettendo bonus, libri gratuiti *et cetera*.
Io in particolare uso la funzione "Iscriviti" che porta dritti sulla mia home page. Evita di usare la parola "Acquista", perché – così a occhio – non è molto apprezzata dall'utente medio di FB.

Io non uso spesso Twitter, ma ho comunque messo nel profilo di Twitter un link al mio sito.
https://twitter.com/piertamanini

Mai sentito parlare del futuro Facebook?
https://plus.google.com/+PierluigiTamaniniScrittoreAmazon77/posts

Lo stesso farai su ogni social che frequenti, come ad esempio Goodreads, ovvero il "social dei lettori e degli scrittori".
Su Goodreads sappi che hai la possibilità di iscriverti gratis come autore!
https://www.goodreads.com/author/show/7793812.Pierluigi_Tamanini


Un'altra cosa che ti consiglio di fare è inserire una firma automatica alla tua mail principale, in cui con una frase ad effetto (e simpatica!) inviti a curiosare sul tuo sito.

**Punto 6. Come direzionare il traffico sul tuo sito web (FB Ads, E-book in Amazon...)**

Vorrei concentrarmi solamente su pochi metodi di grande impatto ed economici, per acquisire nuovi potenziali lettori.

## #1 Content marketing

**Il contenuto è il re del marketing.**
È economico (direi gratis, a meno che tu non ti faccia scrivere i post in outsourcing...), ma ha un solo problema: ci vogliono mesi per essere notati dai motori di ricerca.
Questo significa scrivere articoli e pubblicarli per mesi senza farsi scoraggiare.
Alla lunga è una tattica vincente, ma forse per uno scrittore significa che metà di ciò che scrive finirà sul blog.
È una tattica corretta? Non lo so.

*Un esempio?*
Prova a scrivere una delle mie keyword su Google "scrittore indie full-time" e guarda se sono al primo posto. ^__^

## #2. Guest-posting

**Il miglior modo per attirare traffico sul proprio sito o sul proprio blog o sulla propria squeeze page è il guest-posting.**

Cos'è?
Si tratta di post scritti su un blog altrui (o viceversa).

Soprattutto all'inizio hai bisogno di traffico qualificato che "atterri" sul tuo sito e si iscriva alla tua mailing list.

Come ho già accennato è più un'operazione da blogger che da scrittore, però nell'ambito dell'attività di "authorpreneur" dovrem(m)o muoverci anche in quella direzione.

**L'idea è di scrivere un super-post di altissima qualità e proporlo a un blogger di successo.**

Basta una brevissima mail (3 frasi) al gestore del blog in cui ci proponiamo di postare un articolo per il suo blog.

All'inizio certamente pochi accetteranno di lasciarci pubblicare sul loro blog, ma se l'articolo che proponiamo è di qualità, prima o poi ce la faremo.

A fine articolo inseriremo un link al nostro sito e questo direzionerà un bel po' di traffico e in breve tempo avremo un sacco di nuovi iscritti (di alta qualità).

## #3. Interviste e Podcast

Un'altra possibilità sono le interviste.

Farsi intervistare e fare un'intervista ha un effetto dirompente sulle visite al proprio sito, soprattutto se l'altra persona è già famoso sul web.

Le interviste posso essere fatte via mail (scritte), via hangout o skype (audio e/o video).

Inutile dire che costa molto meno tempo un'intervista orale rispetto a un'intervista via mail.

Inoltre è possibile (pagando poche decine di euro) farsela trascrivere e pubblicarla sul proprio blog.

## #4. Raccomandazione

Ok, la parola "raccomandazione" suona davvero male per noi popolo italiano... ma è molto adoperata sia a livello nazionale che internazionale.
Di cosa si tratta?
Con raccomandazione intendo che un imprenditore online scriva una mail ai suoi iscritti in cui suggerisca o consigli un libro o un corso o un video di un collega.

Ad esempio in questo periodo si sono scambiati il favore Valerio Fioretti e Marco Scabia.
Lo stesso succede continuamente tra Joanna Penn e Nick Stephenson.

Purtroppo ricevere una raccomandazione da un famoso imprenditore della nostra nicchia o da un famoso autore di fiction è tutt'altro che immediato, ma... da cosa nasce cosa.
Cerca di entrare in contatto con chi opera nella tua nicchia e coltiva un'amicizia, per iniziare. Aiutalo, renditi utile. Chissà che un giorno tu non possa essere ricompensato!


## #5. Facebook Ads

Un'altra possibilità consiste nel pagare la pubblicità su Facebook (Google Adwords è troppo caro...).

Come fare?
Semplicemente scrivendo un post sulla tua pagina Facebook "Marietto Rossi Scrittore Indie" con un link al tuo sito o alla tua squeeze page.

Ogni tanto ricorro anch'io a questo stratagemma.
Il mio target è formato da "scrittura", "Amazon kindle" e altre keyword.
Se non sai come muoverti, contattami...

Con 5€ al giorno, si collezionano in media 5-6 contatti (si tratta di una stima!).

Quasi 1€ a contatto può sembrare tanto, ma potrebbe rivelarsi un buon investimento.

Chiaro che i contatti raccolti con Facebook – nonostante la pubblicità possa essere "targettizzata" a piacimento – non saranno di qualità eccellente. Difficilmente pagheranno per comprare i tuoi libri. Ma saranno comunque utili per scaricare gratis i tuoi libri e recensirli.

## #6. Amazon

**Il metodo migliore è e rimane quello di prelevare i contatti direttamente da Amazon.**

Ogni contatto collezionato da Amazon ha i seguenti vantaggi:

@1 sicuramente si tratta di un lettore abituale
@2 molto probabilmente è un possessore di Kindle
@3 probabilmente è disposto a pagare per avere un libro

Per raccogliere i contatti da Amazon.it ho già spiegato come procedere, ma la regola fondamentale è usare l'immaginazione e copiare dai migliori.
*A fine libro, scoprirai il mio sistema.*

## Passo 6. Coinvolgi i tuoi lettori

*Cosa succede dopo che una persona si è iscritta alla tua mailing list?*

Ognuno fa un po' a modo suo, cercherò di dirlo in modo semplice: **devi stare in contatto il giusto perché la gente non si dimentichi della tua esistenza**... e quando riesci a iniziare la relazione con il tuo lettore hai bisogno di offrire qualcosa di qualità in modo che la gente ti permetta di inviargli le tue cose.
In questo caso, la qualità è regina. Non significa, infatti, che dovrai dare regali gratuiti tutto il tempo, ma **dovrai fornire materiale utile o argomenti interessanti ai tuoi lettori, altrimenti si cancelleranno dalla lista.**

Nel momento in cui crei la tua lista, ricorda "un paio" di cose:

Una mailing list non è statica. La gente si iscrive (se farai quello che ti ho suggerito in questo libro ^__^), ma allo stesso modo si può anche cancellare con un click.
Non sottovalutare la cosa, perché se esageri con le mail c'è il forte rischio che uno si stufi...

Ad esempio io sono stato iscritto alla mailing list di un autore che stimo moltissimo (James Altucher), ma non riuscivo più a reggere il ritmo delle sue mail (una al giorno!) e, tristemente, ho deciso di abbandonarlo.
Non mi dimenticherò mai di lui e con tutta probabilità leggerò ancora i suoi libri, quindi il suo effetto "branding" su di me ha funzionato.
Ma mi ha perso – per ora – come iscritto.

Quindi il mio consiglio è di scrivere sempre mail in cui aiuti il tuo pubblico o regali un tuo libro, ma **in media non dovresti mai mandare più di 3-5 mail al mese.**
Ne bastano anche solo 2 al mese, massimo 1 a settimana (in media).

Chiaro che se stai preparando il lancio di un tuo nuovo romanzo di 500 pagine che hai impiegato 3 anni a scrivere, puoi fare un'eccezione a tale regola! :-)

L'idea è di mantenere vivo il legame con gli iscritti (devono ricordarsi chi sei!), ma evitando in ogni modo di stufarli e farli scappare via per sempre.

Se oltre a un autore, sei anche un vero blogger, allora dovrai scrivere **minimo** una mail a settimana con un link a un tuo nuovo articolo.

## Passo 7. Testare e "misurare" i risultati

*Ne vale davvero la pena?*
*Vale davvero la pena di fare tutta questa fatica se non si capisce*
*nemmeno cosa funziona e cosa no?*

La maggior parte delle persone creano i bonus-incentivi e poi
semplicemente guardano quante persone di registrano al loro sito
ogni giorno.
Io compreso, spesso mi limito a questo.
Come scoprirai tra qualche riga, non ha una grande utilità.

*Come fai a sapere perché hai 5 iscritti al giorno? Da dove vengono?*
*Dai Facebook Ads? O dal link che hai messo su un tuo ebook?*
*Oppure ti hanno trovato su Google?*

Il concetto che ti voglio "passare" è che **se non capisci cosa
funziona e cosa non funziona del tuo sistema, non potrai
migliorarlo**.

Per esempio, se crei un super-bonus per l'iscrizione di 5 libri gratuiti,
devi anche sapere quante persone lo visualizzano e quante si
iscrivono e dopo qualche giorno valutarne la funzionalità a livello
statistico.
Per assurdo potrebbe funzionare meglio offrire un mini-corso online di
3 mail che regalare i tuoi 5 migliori libri.

Oppure potresti semplicemente scrivere sulla tua home "Iscriviti per
ricevere i miei trucchi per guarire dalle emorroidi!" e funzionerebbe
ancora meglio.

**Per migliorarti, devi capire se funziona.**

Se ti concentri solo sul numero di iscritti, non puoi avere idea di quale
sia il "tasso di conversione" (rapporto percentuale tra numero di

persone che visualizzano la pagina – denominatore – e numero di persone, tra queste ultime, che effettivamente clicca e si iscrive – numeratore).

Generalmente avrai più tattiche per collezionare e-mail e quindi più tassi di conversione da raffrontare.
Questo significa che, se non hai nessuna idea del loro funzionamento, non puoi valutare cosa lasciare inalterato e cosa togliere o migliorare.

Qui di seguito troverai alcuni metodi per tenere traccia e misurare i tuoi risultati:


#1. **Google Analytics (o altre fonti statistiche)**

Google Analytics è gratuito e ti darà una panoramica di base del traffico sulle pagine del tuo sito web.
Tra l'altro se, come ti ho consigliato, installerai Sumome, c'è un app gratuita che ti mostra le statistiche di Google Analytics in automatico.

Personalmente credo che all'inizio della tua carriera di authorpreneur o kindlepreneur tu ti possa accontentare anche dei dati che ti fornisce Squarespace o Wordpress.

Google Analytics ti offre, infatti, una marea di informazioni, il che all'inizio potrebbe spaventarti, se – come me – non sei pratico di internet e tecnologie varie...

*Il trucco è focalizzarsi solo su alcune semplici statistiche.*

Ad esempio, focalizzati sui tuoi post più letti.
Se molte persone arrivano a leggere quel post da una fonte esterna, significa che sono decisamente interessate all'argomento.

*Quindi?*

Quindi dare loro un extra-bonus su quell'argomento, li conquisterà. :-)

In pratica, focalizzati sui tuoi post più letti e inserisci dei "bottoni" di iscrizione all'interno dei post promettendo e regalando qualcosa di specifico per il lettore di quel post.

*Non ci avevi mai pensato è?*

Semplice, ma geniale! ;-)


### #2. Sumome

Su Sumome (sì, sempre lì!) troverai anche delle app gratuite che ti mostrano quali parti del tuo sito sono più visitate e cliccate.
Sumome ti mostra proprio visualmente i punti più letti.

*Quindi?*

Quindi applica lo stesso trucchetto del paragrafo precedente, ovvero dai al lettore quello che vuole.
Ovvero se tantissimi lettori si soffermano a leggere un punto in cui stai parlando dei tuoi fallimenti, potresti inserire una frase del tipo:
"Vuoi evitare di sperperare anni in fallimenti e seguire subito il mio metodo vincente?"
<u>Iscriviti subito</u> e riceverai il tutorial "**Come evitare di cadere nei soliti 7 errori degli aspiranti autori!**"


### #3. *Email Marketing Service* (EMS)

ConvertKit e Infusionsoft, giusto per citarne un paio, hanno delle analisi davvero potenti all'interno dei loro software e sono pure di facile lettura e comprensione.

Confrontandoli con Mailchimp o Aweber, sembrano di un altro pianeta.
Ti permettono infatti di conoscere esattamente il tasso di conversione di un dato form di iscrizione.
Tengono traccia di ogni funzionalità installata sul tuo sito.

Eppure sono convinto che all'inizio ci possiamo accontentare di un EMS basico (ed economico!) come Mailchimp.

Mailchimp qualche informazione te la dà: "Signup Source".
Ti dice da dove arriva quel contatto.
Ad esempio:
#1 Squarespace
#2 Sumome

Sta a te dedurre da queste poche informazioni cosa funziona e cosa no.

Credo – vista la mia ignoranza informatica, non ne posso essere certo – non sia possibile tenere traccia del tasso di conversione sulle pagine di registrazione del sito web attraverso Google Analytics e Mailchimp.

**Se, oltre a fare il *kindlepreneur*, vuoi diventare anche un buon blogger, ti consiglio vivamente di affidarti a un EMS più performante.**
Ad esempio Convertkit tiene traccia dei tassi di conversione in modo automatico grazie a uno strumento chiamato "Converkit analytics" che, con una semplice occhiata, consiglia come migliorare i form di registrazione.

*Se scoprissi che due form o bottoni o link per registrarsi alla newsletter simili differissero moltissimo in quanto a tasso di conversione (tipo uno 2% a l'altro il 50%), non vorresti saperlo?*

Ma c'è un altro modo per capire cosa funziona e cosa no: i test A/B.

## #4. Test A/B

I Test A/B si stanno diffondendo moltissimo.
In sostanza, come forse avrai intuito, fare un test A/B significa proporre contemporaneamente due opzioni e vedere quale funziona meglio.

Ho usato il test A/B quando ai primissimi tempi ho usato una landing page (o squeeze page) con kickofflabs.
Ho preparato due diverse pagine: una molto breve e diretta e una più descrittiva e lunga.

Il sw proponeva a caso ai potenziali iscritti (cioè a chi arrivava sulla stessa pagina http://viverediebook.pierluigitamanini.com/) o la prima versione o la seconda in modalità random.
Nei pochi giorni in cui ho testato entrambe le pagine, il risultato è stato incredibilmente lo stesso. Se ricordo bene in un caso il tasso di conversione era del 22,3% e nell'altro 22,7%.
In pratica, nessuna differenza: funzionavano entrambe discretamente.

Un altro esempio di test A/B lo si può effettuare con alcune app di Sumome per collezionare mail, ma purtroppo – per ora – soltanto nella modalità "pro", cioè a pagamento.

Test A/B possono essere effettuati anche con Mailchimp: si possono preparare due mail per una stessa "campagna" e il sw manderà o l'una o l'altra a caso.
In seguito si potrà vedere quale delle due è stata più aperta ("open") o cliccata ("click").

Un consiglio in cui m'imbatto spesso nelle letture d'oltreoceano, è di **fare soltanto piccole modifiche tra la versione A e la versione B**.
Ad esempio:
#1 provare a cambiare solo la foto

#2 provare a cambiare una sola parola
#3 prova a togliere una frase

Solo così si potrà giungere alla giusta conclusione.
È un lavoro piuttosto oneroso in termini di tempo, ma ha l'enorme
vantaggio di portarti a conoscere cosa funziona meglio per te: e una
volta che l'hai trovato, **puoi lasciarlo immutato per anni**!
E quindi dedicare il resto del tempo a scrivere... la tua passione, no?
^__^

## Passo 8. Modificare, migliorare, ottimizzare.

Sfortunatamente, il lavoro dell'authorpreneur non sarà mai soltanto quello di scrivere libri.
(In realtà è una fortuna. A mio avviso scrivere per 5 ore al giorno diventerebbe una tortura per la mia povera schiena!)

Anche se tu sei un amante dell'outsourcing, credo che alcuni aspetti del tuo "business" dovrai sempre curarli tu.
Il mondo è in continuo cambiamento, figuriamoci il mondo degli ebook!

Quello che ti voglio dire è che ci sarà sempre qualcosa da migliorare.
Il mio consiglio è di non cercare la perfezione, ma fare un po' di cose alla volta.

Io ad esempio quando sono un po' stufo di scrivere o ho poche idee o ho appena finito un libro, mi dedico alla cura del sito oppure alla pubblicazione di nuovi articoli, o ancora a migliorare altri aspetti del mio "sistema".
**Ci si deve continuamente aggiornare, bisogna sempre farsi venire nuove idee, è necessario essere elastici in tutto.**

Non ti spaventare.
Quando una cosa funziona, è bene lasciarla inalterata, e dedicarsi ad altro.

Ad esempio quando ti parlavo dei miei tassi di conversione al 22%, credevo fossero molto bassi, invece guardandomi un po' in giro non erano niente male. Soprattutto perché il traffico lo selezionavo da Facebook, notoriamente un'orda di gente – in media – poco interessata a lettura e scrittura.

Ti dico questo perché a far bene dovrei ripetere esattamente lo stesso sistema, visto che funzionava.
Ma ti sembro assillato dal fatto che sto perdendo un sacco di iscritti ogni giorno?
No. Lo farò quando avrò tempo.

Il segreto è fare tutto bene, divertendosi, con calma e... con **passione**.
Se manca quella, c'è un'alta possibilità di abbandono.
Quindi, quando scegli la tua nicchia o la storia per il tuo nuovo romanzo, pensaci bene.
**Non scrivere solo di ciò che conosci, ma scrivi di ciò che ami**, di ciò che ti piace e ti appassiona.

A tal proposito ti consiglio di leggere "Ruba come un artista" di Kleon, ti sarà più che utile! :-)


Ecco un problema che potresti avere i primi tempi e le possibili soluzioni.

**Hai problemi di visite sul tuo sito web?** *(Tranqui, non sei l'unico...)*

Prova il guest posting, ovvero la strategia numero uno a detta di molti per attirare traffico sul tuo sito.
In alternativa organizza qualche webinar, ovvero delle "serate online" in cui parli in diretta a un gruppo di persone via skype o hangout o altri sw specifici.
Cerca dei forum o dei gruppi FB in cui si discute dell'argomento che tratti nei tuoi libri e inseriscilti nel discorso, interagisci.

Qualsiasi cosa tu faccia, controlla sempre i risultati in modo da poter agire in modo corretto sulla base delle informazioni, decidendo e calcolando il metodo più adatto.

Abituati a migliorare te stesso e il tuo "sistema personale" e non mollare mai, il resto verrà da sé.

## Conclusioni

Vuoi davvero diventare un maestro della newsletter: ho un sito da consigliarti che ho trovato utile: http://www.crearenewsletter.com/ Ti aiuterà a schiarirti le idee.

Sono più che convinto che questo mio e-book potrà renderti una persona più felice e soddisfatta.
Viviamo nell'era del Choose Yourself (scegli te stesso): credere nei nostri sogni e trasformali in progetti reali è facile. Non immediato, ma facile. L'importante è seguire la strada giusta.

Ora che conosci la "teoria", vorrei concludere **regalandoti il metodo più semplice da mettere in campo per un autore emergente** o aspirante tale, con lo scopo di crearti una mailing list.
Il tutto gratis.


## LA SOLUZIONE PER PRINCIPIANTI

Se come me non sei uno "smanettone informatico", sarai rimasto un po' spaventato e, nonostante ti abbia detto che in massimo tre giorni si riesce a fare tutto, starai pensando: *ma davvero ne ho bisogno? A me piace scrivere, non fare siti...*

Tranquillo/a, ho una soluzione ancora più semplice per iniziare.

**Crea solo una pagina.**
In fondo a te basta un luogo virtuale dove la gente possa trovarti e lasciare la mail in cambio di una risorsa gratuita o di un tuo libro in formato pdf.

Io ad esempio avevo iniziato creando una pagina "squeeze page" su uno dei tanti servizi specializzati in "landing page".

Te ne elenco alcuni: leadpages, getresponse (che è anche un EMS), launch-page, kickofflabs, optin monster...
Ne esistono anche in italiano.
Io avevo utilizzato *kickofflabs*, ma senza una ragione precisa. Agli inizi è sufficiente una pagina semplice con un form, tutto qui.

Forse adesso inizierei con Wordpress.com, accontentandomi di un sito fatto di una sola pagina.
Come ti accorgerai tu stesso/a, è estremamente semplice da realizzare.

Ma ciò che ti sto per svelare, non riguarda solo il sito, si tratta dell'intero sistema che ti permetterà di "tirar su" iscritti rapidamente e gratuitamente.
**E forse dirai: "Perché non ci ho pensato prima?"**

<u>Primo step</u>

COSA SERVE PER INIZIARE?

Hai due opzioni:
#1. Due libri su Amazon (di cui uno gratuito e l'altro in formato PDF.)
#2. Un libro su Amazon gratuito e un PDF che risolve un problema specifico.

Do per scontato che tu abbia già scritto almeno un libro e lo abbia caricato su Amazon.

Se non hai ancora scritto due libri, per prima cosa devi creare un pdf da regalare in cambio della tua mail. Sono sufficienti poche pagine. L'importante è che tu crei anche una copertina in modo da farlo sembrare in tutto e per tutto un ebook (di fatto lo è!)

In sostanza ora avrai **un ebook gratuito su Amazon e un altro ebook da regalare**.
Se non sai come rendere gratuito un libro su Amazon, leggi <u>Come diventare uno scrittore indie</u>.


<u>Secondo step</u>

Apri un account gratuito su Mailchimp.com e uno gratuito su Wordpress.com.


<u>Terzo step</u>

Quindi torna su wordpress.com e crea un sito col tuo nome e cognome.
Ad esempio: mariolinorossi.wordpress.com o ezechielebianchi.wordpress.com

Scegli il template *responsive* che è quello che più facilmente ti consentirà di inserire un form per iscriversi alla tua newsletter.

**Crea quindi la tua pagina (che renderai la pagina statica "home" del tuo sito), inserendo la cover del libro che regalerai e un bottone di invito a lasciare la mail per ricevere il suddetto ebook gratuito.**

Dovrebbe diventare più o meno una cosa così:
http://www.pierluigitamanini.com/regalo-come-pubblicare-su-amazon

Quarto step

Quando il lettore cliccherà sul bottone "Dammi il libro gratis", troverà un bel form d'iscrizione.

*Come crearlo?*

Vai in Mailchimp e crea una "list" nominandola "Gruppo lettori" o "Miei lettori".
Io l'ho chiamata "Vivere di ebook" per non scordarmi mai l'obbiettivo principale mio e dei miei lettori.

Quindi vai su "Signup form" e scegli "General form".
Qui scegli di chiedere soltanto la mail (e se lo desideri anche il nome).
Magari scrivi "odio lo spam quando te" e qualcosa che rafforzi il regalo che stai dando in cambio della mail.

Quinto step

Bene, ora – sempre su Mailchimp – dovrai creare un messaggio di benvenuto.
Cerca e selezione "Welcome mail" o "Final welcome mail".

Potresti scrivere una cosa del tipo:
Grazie per esserti iscritto/a!
Ecco il link per scaricare il tuo ebook.

Potresti inserire il link a una pagina del tuo sito (nascosta) dove hai caricato il file pdf dell'ebook.
Altra cosa semplicissima, carica il tuo file su Dropbox o Google Drive e fornisci il link.
Oppure puoi caricare direttamente il file su Mailchimp.
Quarta ipotesi (la più semplice e quella che usavo io ai primi tempi), scrivi "Ti manderò personalmente il PDF sulla tua mail per ringraziarti e fare quattro chiacchiere...".

Quest'ultima soluzione ti può sembrare gravosa, ma di fatto non lo è.
Ecco come dovrai operare.

Ogni due o tre giorni vai su Mailchimp, copia – uno per volta – le nuove mail e mandi loro (in CCN) il PDF via mail e un messaggio personalizzato e "copiato e incollato".
**Trattare bene i tuoi lettori all'inizio ha dei seri vantaggi**: ti fai conoscere e soprattutto li conosci, capisci **chi sono, cosa cercano, cosa vogliono, cosa leggono**...


Sesto step

Una volta terminato il "messaggio di benvenuto" del punto precedente, ricordati di copiare il link URL (del tipo http://eepurl.com/...) e incollarlo nella pagina del tuo sito (quella che hai creato prima!) sul bottone di invito "Dammi il libro gratis!".


Settimo step

Manca uno step fondamentale: te ne eri accorto?

Ok, abbiamo creato la tua pagina su Wordpress, l'abbiamo collegata alla tua mailing list su Mailchimp... ma **chi andrà sulla tua squeeze page** e cliccherà per avere il libro gratis?

Certo... dovrai inserire il link verso la tua pagina un po' dovunque (nella firma automatica della tua mail, sui tuoi profili social, sulla tua pagina FB...), ma c'è un posto ancora più efficace.
Ti ricordi dell'ebook gratuito su Amazon?
Esatto, proprio lì.

Ma non metterai il link in fondo al libro tra una richiesta di recensione e una preghiera di iscrizione alla tua pagina Facebook.

Inserirai la cover del PDF e sotto scriverai "Ecco il mio regalo per ringraziarti dell'acquisto" con il link alla pagina che hai creato su Wordpress.

Una cosa così...

Ecco il tuo regalo: http://www.pierluigitamanini.com/regalo-come-pubblicare-su-amazon

FINE.

È stato così difficile?
Non lo è: appena ci proverai, pensarai "*Che ca..ata!*" ;-)

<u>Se proprio non ci riesci contattami.</u>
O in alternativa fatti aiutare da un amico: ci impiegherà 10 minuti.

Anch'io metto in pratica questa strategia di successo, guarda tu stesso!
Vai ai link qui sotto e clicca su "**Leggi l'estratto**":

http://www.amazon.it/Resurrezione-unavventura-solitudine-montagne-dellAustria-ebook/dp/B00IFEVTNA/

http://www.amazon.it/Come-diventare-uno-scrittore-indie-ebook/dp/B00UW2QE56/

NB: i regalo sono anche **per te**, approfittane! ^__^

Per iniziare il tuo business e crearti un seguito di iscritti fedeli non ti serve altro.
E nota che tutto il procedimento base è **completamente gratis**!


COSA FARE DOPO?

Come dicevo, può darsi che tu ti trova un po' imbarazzato o incerto nello scrivere le prime mail alla tua mailing list.
Non ci sono trucchi, sii te stesso.
Offri il tuo aiuto, parla dei tuoi libri, offri contenuto riguardante la tua nicchia... ma se vuoi un consiglio, all'inizio non continuare a chiedere favori o a voler vendere i tuoi libri: **prima dai, poi chiedi**.

Io le comunicazioni le facevo a tutte le mail che avevo collezionato, inserendoli in *CCN* in un'unica mail che spedivo a me stesso. Attenzione perché, facendo così, c'è un alto rischio di finire nella cartella SPAM e, inoltre, non dimostri nessuna professionalità.

Quando ho superato le 200-250 email ho preferito iscrivermi a Mailchimp e "fare sul serio".

Forse starai pensando: "*Oddio ma cosa devo scrivere a tutte quelle persone!?*"

Un **esempio** delle mail che mandavo all'inizio con tutti gli iscritti in CCN?

*Ciao!*

*Benvenuti, nuovi arrivati: ormai abbiamo abbondantemente sfondato la barriera dei 200 iscritti a questa newsletter (226 per l'esattezza). Ciò mi rende davvero felice e pronto ad andare avanti su questa strada.*

**A chi mi rivolgo?**
*A coloro che vorrebbero intraprendere la carriera di scrittore indie, ma non sanno da dove iniziare.*
*A coloro che sentono dentro una voce che li spinge a scrivere, ma non le hanno ancora dato retta.*
*A coloro che sentono di essere destinati a qualcosa di grande, ma non trovano il coraggio per buttarsi.*
*A coloro che scrivono, ma non riescono a portare a termine il loro primo libro.*
*A coloro che hanno scritto in passato, ma non sono mai riusciti a farsi pubblicare.*
*A coloro che hanno auto-pubblicato il loro libro in edizione cartacea con scarso successo.*

A coloro che hanno auto-pubblicato il loro e-book online, ma hanno venduto pochissimo.
A coloro che vorrebbero fare gli scrittori, ma non ne sono ancora convinti al 100%.

### Cosa voglio ottenere con questa newsletter?
Voglio condividere le giuste strategie per scrivere, pubblicare e vendere i propri libri.
Voglio creare una tribù di scrittori indie che abbiano voglia di aiutarsi a vicenda.
Voglio mettermi in gioco in prima persona e continuare a imparare l'arte dello scrittore indipendente.
Voglio capire come rendere le rendite passive dei diritti d'autore sufficienti a permettermi di fare lo scrittore indie full-time.
Voglio migliorare la qualità dei miei ebook e allo stesso tempo migliorarmi.
Voglio inventare un sistema che mi permetta di vivere scrivendo ebook e di poter viaggiare per il mondo!
Voglio creare una mailing list di scrittori (o aspiranti tali) e scambiare con loro (voi) informazioni, consigli e suggerimenti.

### Progetti per il futuro
Tra qualche mese vorrei lanciare il mio blog www.pierluigitamanini.com e uscire così allo scoperto.

### Perché ti consiglio di continuare a seguirmi?
Copia le mie mosse, segui i miei passi (creazione mailing list, lancio del blog nomecognome.com, pubblicazione di ebook...) e diventa anche tu uno scrittore indie!
Leggi gratuitamente i miei PDF creati appositamente per gli iscritti alla mailing list (v. allegati).
Compra a costo zero i miei ebook su Amazon quando sono in promozione.

Scrivimi ed esponimi i tuoi problemi legati alla scrittura: ti risponderò al più presto cercando di aiutarti e indirizzarti sulla giusta strada.

*Appena il blog "sarà in piedi", potremo collaborare come una vera tribù e i progressi di ognuno saranno sempre più rapidi, così come da anni succede nel resto del mondo (Stati Uniti e Inghilterra soprattutto).*

*Scarica gli allegati: sono i 2 pdf dai quali ho creato "Come diventare uno scrittore indie", fino a qualche giorno fa bestseller#1 nei "Manuali di scrittura" di Amazon.it http://www.amazon.it/Come-diventare-uno-scrittore-indie-ebook/dp/B00UW2QE56/*

Come vedi non si tratta di niente di speciale: una semplice mail dove **parli con sincerità ai tuoi iscritti** e li aggiorni sui tuoi libri cercando sempre di renderti utile.

Questa è la via più semplice per iniziare.
Quando avrai più tempo e coraggio, ti consiglio di prenderti quei tre giorni e crearti un sito definitivo.

Ma se sei indeciso tra "sito" e "prossimo libro": io non avrei dubbi...
PROSSIMO LIBRO!

**<u>BONUS:</u> per concludere davvero, ti lascio alcune e-mail da riproporre (cambiando qualcosina ^__^) ai tuoi nuovi iscritti.**

# Bonus n.1

Questa e-mail è reale (come quella di prima), ovvero l'ho davvero mandata ai miei primi iscritti. Prendi spunto e adattala ai tuoi scopi.

Ricorda che l'obbiettivo numero uno è... non farli scappare! :-)

Ecco un **esempio di newsletter** semplice e colloquiale:

*Ciao!*

*Inizialmente mi ero proposto di mandare all'incirca due newsletter al mese, ma non ho resistito: siamo già in 100! Avevo voglia di condividere questa bella notizia con voi.*

*Credo l'ottimismo sia alla base di ogni progetto, ecco perché amo parlare dei miei piccoli successi e perché continuerò a motivarvi a terminare le vostre opere e a pubblicarle nella maniera più corretta su Amazon.*

*Voglio inoltre ringraziarvi per aver scaricato i miei libri gratuiti dopo l'ultima newsletter, siete stati davvero gentili. Come lo so? Perché ho notato un bel picco nelle vendite free su KDP.*

Per ringraziarvi e per accogliere i nuovi arrivati vi allego la prima e la seconda parte dell'ebook su Come diventare scrittori indie: trovate un po' tutti gli argomenti necessari a capire se la cosa fa per voi (ma se siete arrivati fin qui, sono certo di sì). Seguiranno altri ebook più dettagliati.

Anche grazie al riscontro che mi fornirete voi stessi rispondendo alle varie mail che vi manderò, vedrò di approfondire talune tematiche rispetto ad altre: vi invito quindi a trovare due minuti per cliccare su "Rispondi" e espormi i vostri dubbi.

Ad esempio, se siete bloccati nella stesura del vostro libro e avete perso gli stimoli per portarlo a termine, perché non provate a creare la cover? Nei pdf spiego come farvi disegnare delle copertine professionali a soli 5$: non solo servirà di stimolo a finire il vostro ebook, ma vi divertirete un sacco.

Per chi ha già pubblicato su Amazon, invece consiglio di seguire le poche ma precise "regole" riportate nei pdf: a volte basta poco per migliorare enormemente i profitti!

Per chi avesse già letto entrambi i pdf, sappiate che una sana rilettura non ha mai fatto male a nessuno. ^__^

Grazie ancora e buona lettura (non scordarti di scaricare gli allegati o di inoltrarli al tuo ebook reader)!

*Pierluigi Tamanini - autore indie*

*PS: quale argomento ti piacerebbe fosse trattato nella prossima newsletter?*

# Bonus n.2

Ora ti propongo le **classiche tre email** che dovrebbero essere mandate da un autore ai suoi iscritti in automatico al momento dell'iscrizione.

Le ho adattate (ma mai spedite personalmente) dalla versione inglese che propone Tim Grahl sul suo sito.

**E-mail n.1: accertarsi che abbiano scaricato il pdf gratuito!**

Ciao,

grazie per esserti iscritto/a alla mia newsletter! Come promesso ti allego il PDF "Come diventare uno scrittore indie - Italian Indie Writers".

Eventualmente lo trovi anche qui: viverediebook.pierluigitamanini.com

Hai preso un'ottima decisione lasciandomi la tua mail. Rispetterò sempre la tua privacy e non cederò la tua mail a nessun altro.

Continuerò a mandarti risorse gratuite per aiutarti a diventare uno scrittore indipendente.

Grazie ancora per il tempo che hai dedicato alla lettura,

   Pierluigi

# E-mail n.2: introdurre se stessi e coinvolgere i nuovi "fan"

Ciao,

nuovamente grazie per esserti iscritto/a alla mia newsletter. Nell'ultima mail ti ho mandato il PDF "Come diventare uno scrittore indie - Italian Indie Writers". Se non l'avessi ancora scaricato te lo allego ancora una volta, in alternativa puoi trovarlo sempre qui: viverediebook.pierluigitamanini.com

Il mio obbiettivo con questa newsletter è di condividere con te i "ferri del mestiere" dello scrittore indipendente, le mie esperienze personali con l'autopubblicazione, tutto ciò che può aiutarti a diventare un vero autore indie.

Per iniziare, se ancora non mi conosci bene, puoi trovare qualcosa su di me e sui miei libri qui:

Amazon - https://kdp.amazon.com/amazon-dp-action/IT/bookshelf.marketplacelink/B00IFEVTNA

Smashwords - https://www.smashwords.com/profile/view/pierluigitamanini

Altri miei contatti li trovi in fondo ad ogni mia mail.

La mia newsletter ti aiuterà passo dopo passo a vendere più libri, in modo da creare delle **rendite passive mensili** che ti permettano di dedicare sempre più tempo alla scrittura e sempre meno tempo al "lavoro di tutti i giorni".

All'incirca ogni due settimane riceverai delle nuove informazioni che ti aiuteranno a intraprendere con semplicità la carriera di scrittore indie.

Alla prossima e... grazie!

Pierluigi

----

Qui trovi i miei libri su Amazon, sia ebook che cartacei: clicca QUI!

Se invece hai altri dispositivi e-book reader clicca qui!

Se non leggi libri... è un gran peccato! :-)

Be'... forse hai un profilo facebook: https://www.facebook.com/pierluigitamanini

o Twitter: https://twitter.com/PierTamanini

Mai sognato di scrivere un libro e di riuscire a venderlo? http://viverediebook.pierluigitamanini.com/

**E-mail n.3: proporre i propri libri!**

Ciao,

qualche giorno fa ti sei iscritto alla mia newsletter prendendo un'ottima decisione che ti permetterà di diventare presto uno scrittore indie.

Continuerò a scriverti nei prossimi mesi, ma ora voglio sincerarmi che tu sia a conoscenza dei miei ultimi progetti!

Recentemente ho pubblicato "Come diventare uno scrittore indie" su Amazon, un ebook tratto dal PDF che ti ho regalato. Il libro parla appunto delle facili regole da seguire per iniziare a vendere ebook su Amazon e, libro dopo libro, intraprendere definitivamente la carriera di scrittore indipendente.

Lo trovi qui: https://kdp.amazon.com/amazon-dp-action/IT/bookshelf.marketplacelink/B00UW2QE56

Ho scritto anche alcuni romanzi:

Resurrezione (gratuito) - https://kdp.amazon.com/amazon-dp-action/IT/bookshelf.marketplacelink/B00IFEVTNA

Io - https://kdp.amazon.com/amazon-dp-action/IT/bookshelf.marketplacelink/B00UVXEVTM

Il maestro che leggeva negli occhi della gente - https://kdp.amazon.com/amazon-dp-action/IT/bookshelf.marketplacelink/B00T6Q847U

Grazie per aver preso parte alla mia newsletter, spero tanto che rimarrai con me ancora per tanto tempo!

Alla prossima,

Pierluigi

PS: non dimenticare di diffondere ai tuoi amici aspiranti scrittori questo link... http://viverediebook.pierluigitamanini.com/

## Pensieri finali

Spero che questo e-book sulla creazione di una mailing-list per autori indipendenti (adattabile ai più svariati contesti) ti sia piaciuto.

Spero ti abbia fatto capire che è molto più semplice di quel che sembra.

**Una volta creato il tuo sistema per "collezionare mail", potrai tornare a dedicarti ai tuoi libri**: non è quello che vogliamo tutti?

Credo sia scontato dirlo, ma soltanto iscrivendoti alla mia mailing list potrai vedere "da dentro" come funziona il tutto. Quindi, se non l'hai già fatto, iscriviti subito alla mia newsletter! :-)

http://www.pierluigitamanini.com/books

Pierluigi

www.ingramcontent.com/pod-product-compliance
Lightning Source LLC
Chambersburg PA
CBHW070842180526
45168CB00002B/923